南开大学校史丛书

总主编　刘景泉

公 能 初 心

——近代报刊中的南开精神

鲍志芳　编

南開大學出版社

天　津

图书在版编目(CIP)数据

公能初心：近代报刊中的南开精神 / 鲍志芳编. —
天津：南开大学出版社，2024.4
（南开大学校史丛书 / 刘景泉总主编）
ISBN 978-7-310-06598-1

Ⅰ. ①公… Ⅱ. ①鲍… Ⅲ. ①南开大学－校史－史料
②高等学校－爱国主义教育－史料－天津 Ⅳ.
①G649.282.1②G641.4

中国国家版本馆 CIP 数据核字(2024)第 070923 号

公能初心——近代报刊中的南开精神
GONGNENG CHUXIN——JINDAI BAOKAN ZHONG DE NANKAI JINGSHEN

南开大学出版社出版发行
出版人：刘文华
地址：天津市南开区卫津路 94 号　　邮政编码：300071
营销部电话：(022)23508339　营销部传真：(022)23508542
https://nkup.nankai.edu.cn

天津泰宇印务有限公司印刷　全国各地新华书店经销
2024 年 4 月第 1 版　　2024 年 4 月第 1 次印刷
230×170 毫米　16 开本　14.75 印张　2 插页　207 千字
定价：75.00 元

如遇图书印装质量问题，请与本社营销部联系调换，电话：(022)23508339

编辑说明

一、编写初旨。南开精神，是南开大学等南开系列学校传承、发展百余年的精神基因，是南开人为社会、国家、民族无私真诚奉献的精神食粮。习近平总书记一再强调"不忘初心，方得始终"。南开的初心是什么？即南开精神形成的最初动力是什么？南开精神的培育与形成的过程是什么？南开精神的核心是什么？它的表现形式有哪些？这些都是现代研究者需要梳理的。本书的意义，即在于追忆南开精神的原点，梳理南开精神从初始到基本成型的过程，为将来南开教育与南开人更好地继承、丰富、发扬南开精神，为南开人在中华民族伟大复兴进程中做出更大贡献，提供精神上的滋养。

二、文献选辑标准。南开教育肇始于 1898 年的严氏家馆，南开的精神也孕育于此时。之后，严修、张伯苓在天津陆续创办了南开中学、大学、女中、小学，在重庆创办了重庆南开中学，在自贡接办了蜀光中学。当年严修、张伯苓二公同感于民贫国弱、民族危亡之势，挺身以"教育救国"为己任，开始兴办教育，明确提出南开的办学宗旨就是"教育救国"，这在中国近代教育史上是罕见的。"爱国""救国""兴国""强国"成为南开教育的精神核心。编者以此为轴线，从《校风》《南开周刊》《南大周刊》等校办刊物，和《大公报》《益世报》《中央日报》等民国时期的主流报纸中，辑录自南开孕育时期至 1949 年论述南开：1."公"的精神，2."群"的精神，3."开放"的精神，4."自强不息"的精神，5."认真做事"的精神，6."诚实守信"的精神，7."活泼乐观"的精神等方面的历史文献 84 篇，辑录成书，奉献于读者面前。

三、文献编排。为展现南开精神的发展与延续的历史过程，编者将发现最早的体现南开精神的文献——1901 年严修对严馆学生的训词，至 1948 年 10 月何廉在南开大学校庆演讲为止的 80 余篇历史文献以发表的时间为序，依次排列。

四、文献整理。1. 尽量保持民国文献的原始状态，凡是不致引起阅读歧义的用词与标点方式，一律保持原状。2. 对于原文未有标点的文献，由编者按现代标点使用规范进行标点。3. 对原文印刷中的错别字，标注于其后的"〈〉"；对于缺漏字，在缺漏处填补于"[ ]"内；对于模糊或损坏的字迹，用"□"填代。

引言：南开精神的孕育

"渤海之滨，白河之津，巍巍我南开精神。"南开精神由一代代的南开人瓜瓞承继，并得到了社会各界人士的广泛认可。

南开精神的孕育起始于 1898 年成立的严氏家馆，伴随着 1904 年天津私立中学堂（南开中学最初的名称）的呱呱坠地，南开系列学校陆续诞生，在岁月的绵延中与时俱进，不断成长、茁壮、丰满，至 1934 年张伯苓根据其教育实践，明确提出"允公允能"的校训，南开精神的主体基本成型。南开精神哺育、滋养了一代代的南开人，使他们成为中国社会的建设者和人类文明进步的推动者。但追根溯源，南开精神诞生于天津这块土地，则在于严范孙、张伯苓二位教育家的交汇。

严范孙，名修，字范孙，祖籍浙江慈溪，1860 年生于河北省三河县，长于天津。其青少年时期受业于众名师①，饱读诗书，1883 年中进士，任翰林院编修。1894 年，亦即中日甲午战争的同一年，严范孙外放任贵州学政，开始了其主持一方学务的时期，这也是他得以实践其引进西方现代科学文化、改革中国传统教育、为国培育新人理想的契机。

国势的衰弱、外敌的侵扰，及到任之后看到当地人民贫苦不堪、文化落后的状况，使严范孙深切地感到国家再这样下去，"大局不堪设想"。中国的教育必须改革，且刻不容缓。在主政贵州学务的三年多时间里，严范孙竭尽心力改进该省人民经济上贫苦不堪，文化上消息闭塞，知识、观念相对落后的状况。首在贵阳开设资善堂书局，印制西方有关社会政治和自然科学方面的书籍和新式报刊，以为当地读书人吸收现代文明之

---

① 严范孙在 1883 年中进士之前，计有 86 位老师。参见陈鑫、郭辉著：《南开校父严修画传》，北京：中华书局，2019 年，第 26 页。

物质基础。同时，改革当地传统书院，创办新式学堂。一是更新学生入书院的标准，选拔更多喜读西学的学生入驻书院，使传统国学与新学的比重在潜默之中发生转移；二是增添新学的教学内容，将算学、英文、格致、地理等课程逐步引入。并且，严修亲任西学课程，当时学人谓"亲炙者如饮醇醪"。①学子们对人生与社会的认知及应对剧烈变化的社会情势的理念与能力，也随着其吸收的知识的变化，在奋起追赶时代的潮流。

尤其是在《马关条约》签订后，清廷对日本割地赔款，人民的负担极大加重，国家的危险情势急剧加深。严范孙在深思熟虑之后，毅然将其沉思酝酿的《奏请设经济特科折》上奏朝廷，"吹响了黔地鼓吹变法图强的第一声号角，在推动早期维新思想向维新运动转化中起了一定积极作用"。"贵州的办学实践，为严修后来的教育救国的大业增强了使命感和责任感。"②"在早年的生活、求学、交流、经历共同作用下，严修形成了坚守与求新并重，经邦济世与实事求是并重的思想。"③

南开的另一位创办人张伯苓，名寿春，祖籍山东，1876 年生于天津。幼年随父读四书等儒家经典书籍，因时代原因，他未考取过功名，但中国传统文化的精髓，已成为其精神的一部分。他在少年时即屡有路见不平、挺身而出、攘拳相助之举，虽常有被打之人告状到家，其父却并不深责，常说"不可因此伤了他的这一点正义之气"。④

1889 年，张伯苓考入严复任总教习的天津北洋水师学堂，"这个水师学堂请的是洋教师，教的是新学，开洋船，使洋枪洋炮，用的是洋文，念的是洋书"⑤。学校的西学课程有地域图说、算学、几何、代数、三角法、重学、化学等基础科，以及测量天象、推算经纬度诸法、驾驶诸法等专业课程。同时设有击剑、刺棍、拳击、哑铃、竞走、跳高、跃远、

---

① 雷廷珍：《誓学碑缘起》。
② 梁吉生著：《从视学黔中至创办南开——论贵州近代教育的先驱者严修》，载《意蕴南开》，天津：南开大学出版社，2019 年。
③ 陈鑫、郭辉著：《南开校父严修画传》，北京：中华书局，2019 年，第 26 页。
④ 张锡祚著：《先父张伯苓先生传略》，天津：南开大学出版社，2016 年，第 5 页。
⑤ 张锡祚著：《先父张伯苓先生传略》，天津：南开大学出版社，2016 年，第 8 页。

足球、游泳、平台、木马、单双杠等十数项体育课程。张伯苓在学校努力学习，每年的考试都名列第一。"在北洋水师学堂的几年，是张伯苓人生重要的一个阶段。在这里，张伯苓……受到了比较正规的新式教育的熏陶，学到了比较系统的近代科学文化知识，新式教育和西方文化开始成为他的新思想营养。所有这些，与其后来的事业以及思想发展都有十分密切的关系。"[①]

1894 年，张伯苓从北洋水师学堂甫一毕业，即赶上中日甲午海战，张伯苓随舰参战。北洋海军战败，他不得不饮恨含泪回家。这是张伯苓"平生第一次遭遇刺激"。[②]

随后，日本通过《马关条约》强占威海卫等地。但列强并不愿看到日本在中国一家独大，通过英国所谓的居中调停，日本被迫退出威海卫，将其管辖权让与英国。虽然清政府在其间根本没有主张的权利，但还要出席形式上的交接。1898 年 5 月，交接仪式在刘公岛举行，张伯苓随"通济"轮送清政府官员前往。第一天，降下日本的太阳旗，升上清政府的黄龙旗；第二天，再降下黄龙旗，升上英国的米字旗。两天之内，三面标志国家主权的旗子在中国的土地上换来换去，中国人却连只想做一个旁观者都不能，还要屈辱地参与进来"演戏"。同时，英国士兵与清廷士兵精神状态与个人形象的强烈对此，都使张伯苓深受刺激。"悲楚和愤怒使我深思，我得到一种坚强的信念：中国想在现代世界生存唯有赖一种能够制造一代新国民的新教育。我决心把我的生命用在教育救国的事业上。"[③]

1898 年 10 月，严范孙开设家馆，聘张伯苓为老师，以自家为根据地，在天津开启了新式教育的实践尝试，世称"严馆"。一位饱学硕儒而倾心于新学和一位深受现代科技教育又具扎实国学根柢，同时致力于以

---

① 梁吉生、张兰普著：《张伯苓画传》，成都：四川教育出版社，2012 年，第 17 页。

② 张锡祚著：《先父张伯苓先生传略》，天津：南开大学出版社，2016 年，第 10 页。

③ 胡适著：《张伯苓先生传》，李子英译；张兰普、梁吉生编：《铅字流芳大先生——近代报刊中的张伯苓》，北京：中国社会科学院出版社，2021 年。

教育的手段培育新人、拯救国家的卓越教育家，在 19 世纪末的天津一隅相遇了。二人的相遇与交汇，碰撞出中国近代教育史上的璀璨火花，最终燃成了中国教育史上一支经久不熄、代代相传的火炬。胡适称二人的相遇"是一件美满的事件"①。三年后的 1901 年，天津的另一个家馆"王馆"也加入进来。再三年后的 1904 年，严、王两馆改建为正式的中学校——私立中学堂，这标志着南开学校的正式诞生。张伯苓将此前的六年时间称为南开的"胚胎时期"。

严、张二公用 6 年的时间，孕育了南开学校，也孕育了南开精神。其后的 125 年，不论是战火频仍，还是社会动荡，南开以其自强不息的"公""能"精神，一直在赓续绵延，发荣滋长。百余年后的今天，各级各类以"公""能"为校训的南开系列学校在全国各地已有 10 余家，当年严、张二公要将南开教育与南开精神推向全国的夙愿，正在新时代的中国实现。

严、张二公当年创办南开的主旨是"救国"与"建国"，其突出而强烈的体现就是"爱国"，其核心内容则为"公"与"能"。南开先人在践行"救国"与"建国"的征途中，在其"公""能"素质培养的过程中，具体的体现形式是丰满而多姿多彩的。在"公"与"能"这颗宝石中，包含了生动、鲜活、光彩耀人的诸多棱面。阅读当年南开先贤与社会贤达自南开"胚胎时期"起对南开精神多侧面的感悟、理解、记录与论述，是读者了解南开精神形成历史，丰富对南开精神认知的有效途径之一。

张兰普于弗居斋

2023 年 4 月 9 日

---

① 胡适著：《张伯苓先生传》，李子英译；张兰普、梁吉生编：《铅字流芳大先生——近代报刊中的张伯苓》，北京：中国社会科学院出版社，2021 年。

目 录

一

二

三

严修为严馆等学生作誓词[①]

严修

　　尔十一人者，或为累世之交，或为婚姻之谊，辈行不必齐，而年龄则相若。尔父若兄，道义相劘，肝胆相许，志同道合而患难相扶持，尔诸生所亲见也。

　　尔十一人者，自今日始，相待如一家，善相劝，过相规，毋相谑，毋诟争，毋相訾笑，毋背毁，毋面谩，同心壹力，从事于学问。以绳检相勖，远非僻之友，警浮伪之行。毋做无益害有益，毋偷惰，毋轻躁。兄弟婚姻，互为师友，敦品修业，以储大用，是余等所厚期也。

　　陶履恭，孤儿也，当厚自策励，而去其童心。尔十人之待履恭也，悯之，爱之，砥砺之，使无坠其家学，是则今日此举，为不虚矣。

　　（陈嵩若辑、杜鲁整理：《蟫香馆别记》，《天津文史》，2010 年第 1 期）

---

　　① 1901 年春，严修与林墨青率严氏家馆学生严智怡、严智崇、严智惺、王宝璐、韩振华、林瀚、严智庸、林涵、陶孟和、严智钟、张彭春共 11 人作誓于严宅北书房，本文即严修所作誓词。本誓词对学生的交友、读书、做事等都做了规范，与后来的南开四十字"容止格言"一脉相承。虽此时距南开中学正式成立尚有三载，但编者以为此篇训词可作为南开精神发萌之源。

天津敬业中学学生毕业训词①

严修

　　张伯苓先生来京师，言天津敬业中学第一班学生举行毕业式，鄙人以官守在，不获与会，然想像其时，主宾咸集，揖让进退，殆仿佛身亲其事焉。伯苓先生谆谆以择言相嘱，鄙人辞不获已，聊举本堂历史以为诸君告。

　　本堂起源由伯苓先生教授鄙人家塾始，当时从学者仅鄙人子侄及亲友少年数人而已。逮兴学诏下，同人慨然以变家塾设学堂为志。经伯苓先生苦心经营及王君益孙热心赞助，始改为敬业中学堂。然当时仅就寒舍略加修葺，勉强开学，诸多未备。嗣王君与鄙人恐规模狭隘，不足以提振学风，各竭绵薄，力图扩充，复藉袁宫保、徐制军诸公之提倡赞助，始成斯校。今日学额渐增，诸生适于斯时学成毕业，岂惟本堂师弟之光荣，揆诸同人设学之初志，亦可谓无负者矣。

　　事无难易，有志竟成，故立志者，入德之门也。诸生毕业后或进专门，或学实业，或改营生计，人各有志，奚能相强？虽然，此特立志之一端，至其本源，则在归本于道德。诸生志于道德，则无论专门、实业以至改营生计，无害为君子；否则，虽在通儒院毕业，特小人儒耳，何足取乎？

　　诸生素讲习人伦道德一科，即知即行，无俟过虑，而鄙人所尤注意者则在国民道德。今者内政、外交，事变日亟，国势不振，身家讵能独

<hr>

　　① 本文为陈宝泉代撰，收入其《退思斋诗文集》，原题注曰"代严先生拟"。按敬业中学即后来之南开中学，1908 年 7 月首届学生毕业。

存？年长之英雄虽有匡时之志而无其才，未来之英雄无论有无其人而时已不待。今日所赖以转移国势者，舍有志之少年，其又奚属？诸生今日中国少年之一部分也，勉之勉之！勿志为达官贵人，而志为爱国志士。鄙人所期望诸生者在此，本堂设立之宗旨亦不外此矣。

（陈鑫、杨传庆整理：《严修集》，北京：中华书局，2019 年，第 103—
104 页）

《敬业》发刊词

孔繁霱

　　夫天下事，孤力无援则进步甚难，而真精神每发现于相持极烈后，故玉加琢磨而益光，德经淬励而益隆。古今东西莫能外也。吾中华礼乐，唐虞文物，三代发达，最早为世界之先进。今一旦与外人遇，辄相形见绌者，岂天命之隆于古而去于今耶，抑黄白人之心思才力远不逮耶！盖古者璹国林立，易启竞争，故真理日出，文化滋盛，犹之乎欧洲之今日也。秦汉而后统一日久，士大夫观摩囿于一国，无政治竞争，学术亦无竞争矣。学无竞争，其退也日以千里，流毒至今而未艾，他人讥谤不亦宜乎。同人等以是为鉴，而稔知学术进步之有待于竞争，亦如玉之琢磨，德之淬励也。用特不揣绵薄尽力，醵资刊行杂志，以期有心之士，不吝珠玑，籍本报为以文会友之场，学术用武之地，琢磨之，淬励之，光焉！隆焉！学术上之真精神，其庶几乎。他日有事社会，各本学术竞争之观念，树之风声，化于国人，文物进步于不知不觉之中，使唐虞三代不专美于前，而东西列邦反瞠乎其后，是同人等之大愿，而欲与我青年诸君所共勉者也。

（《敬业》第 1 号，1914 年 10 月）

《校风》发刊词

陈刚

呜呼！吾辈学生，求学于学校，其目的果安在乎？岂仅为日后谋衣食之地耶？抑仅为日后赡养一家之计耶？吾知吾辈同人必应之曰：否！否！然则目的果何在乎？余亦学生之一分子，每静坐以思之，觉千头万绪，不知从何处着想。

吾辈生于二十世纪竞争之时代，生于积弱不振之中国，又生于外侮日逼，自顾不暇之危急时间。吾人既生于是时矣，生于是国矣，安忍坐视而不一救耶！顾年幼识浅，安能施其救国之术。将执干戈以与仇人争耶？则虽死何益；将隐忍以吞声耶？则心实难堪。是以于此心有所疑，累日思之，不能自决。

目的之何在？初不之知也。然尝闻之：天下兴亡，匹夫有责。吾为国民则与国之兴亡至有关系。然则吾人之责，既重且大矣。吾至此始敢决曰：吾人之目的，期将来能负此重大之责任而已。同学诸君果亦思及此乎。后顾茫茫，狂澜谁挽？前途渺渺，砥柱其谁？吾辈学生之责实重于他人数倍也。何则？吾辈正当为学之时，学问有进无退，见闻有增无减，将来学成立世，固非庸庸者流所能及也。夫才高十人者，则应负十人之责任；才高百人者，则应负百人之责任。吾侪学生十人之俊乎？千人之杰乎？吾不敢知，然全国之人如吾辈之能入学读书深造有得者，百人未必一焉。中焉者衣食仅足，不暇他顾。下焉者冻馁堪虞，遑论天下之事哉！噫！吾国国势如此其危，吾辈责任如此其重也。然则吾人之目的，固期能负其责亦已足矣。吾人既有此目的，将何以达之？汲汲不遑，犹虞其缓。然吾尝见为学生者，伏案终身，埋首不见天日，不见身外之世界，不得书外之见闻。一邑之事不能备知，遑论一省、一国及天下之事哉！时势危急矣，风雨将至矣，国之存亡，一发千钧矣，而彼犹懵然罔觉。彼固曰：吾为学也，吾日与书为伍，责任尽矣。他非所宜过问也。

呜呼！"学问"二字，岂果作如是解乎？若是，而望其能负救国之责任，不亦难哉！吾为此言，非无所谓。盖为学者，往往误认宗旨，不求应用之学问，徒攻书籍，而不过问世事，卒为书痴而已。岂我国现时所需之人哉！则吾人既认定目的，犹不可不知所以达其目的之术。达之之术，求则得之，舍则失之。无他，善求书外之学问而已。

本报出版伊始，聊以此言，敬赠同学诸君。以后勉尽天职，辅助同学，多得书外知识，庶使人人将来有用于世，负重大之责任而有余，则国家之幸，亦本报之光也。

同人等学问实无，责任綦重，惟有自勉，以期无忝厥职。尚望同学诸君，随时指教，则固所盼祷者也。

（《校风》第 1 期，1915 年 8 月 30 日）

说爱国

陈 刚

国为人民生存栖息之地，人民爱之宜也。然所谓爱国者，其中不无分际焉。夫我国非亚东之古国乎。年代递更，时迁势易，欧风美雨滚滚东渐。我国由闭塞而为开通，由专制而跻共和，其间所经所历，触目伤心。而所谓爱国志士，亦于是时出现。奔走呼号，唇焦舌敝，人民群焉和之，皆曰，"爱国！爱国！"噫嘻！盛哉！我国将不旋踵而强乎！远则欧美诸国，近则日本，皆以人民有爱国之心，故其国势蒸蒸日上。今我国亦人人皆曰爱国，则我国固宜强且盛。凌欧驾美而为世人所共仰矣。然而其结果和其相反也。噫嘻！吾知之矣。

夫爱国者，非空言可以有济也，非激烈可以有成也，非旦夕可以有效也。吾见夫爱国者矣，东走西奔，结党立社，口不绝于爱国之言，未尝不可动人炫耀于一时，然考其行事，则纯然与其言语相反，假爱国二字以为口头禅，而阴以济其私欲。人莫得而知之，附而和之，举国若狂。及乎私欲已足，面目全非，前后所行，判若两人。若此而望国之强，岂可得乎！非特国不能因之而强，或且因之亡焉。此爱国之一派也。

又有爱国者，言语激烈，鼓吹爱国。方其高声疾呼，痛哭流涕之时，未尝不能感动人心。然此纯是感情作用。夫感情作用，一往直前，不暇他顾，不辨是非，倘用之于正，未为不可，奈当其感情愤激之时，多有过当之处。若此爱国者，不足以成事，反足以偾事。此又爱国之一派也。

又有爱国者，见于目前之危，思有以挽之，而求效之心，未免太切，欲以极短之时间，致我国于富强。然而事实之相反也，于是心灰意阻，以为国不可救也。若是者更不足与言成事矣。

鸣呼！之三派者，皆以爱国为名，而国初不以其爱而强，岂国之不可爱哉，盖皆未能爱之以其道耳。夫空言何补于实际，激烈又足以偾事。求效速，则乏远大之谋。若此名之曰爱，非爱也，实害之也。原夫一国之成，积无数人民以成者也。国不能自强，人民强则国强矣。今欲强其国，当先强同胞。试问历来言爱国者，果致意于同胞否乎？殆忽之久矣。问有一二知此意者，力薄势微，亦未能收效。自今而后，凡言爱国者，易其爱国之观念而爱同胞，实事求是，不以虚声相衿，尽己力应行之事。一人唱之，百人和之；十百人唱之，千万人和之。不竞虚声，只求实际。一国之人，各尽其责；遍国之中，皆成强健之分子。至此而欲国之不强，岂可得乎，则爱国二字，尽责之谓也。故吾谓能尽其责者，乃真爱国者也。若徒言爱国，而略不尽责，则非吾之所敢知也。方今国势阽危，人心遑遑然，弃其本业虚骛旁驰，曰，我将以救国也。鸣呼！弃其天职，而芸〈耘〉人之田，此国之所以益不可救也。

来日方长，回头未晚。各尽己责，是望同胞，存亡之机，其在是乎。故记者敢以是说进。

（《校风》第 2 期，1915 年 9 月 6 日）

赠新同学

童启颜

　　呜呼！吾可敬可爱之新同学！吾何期而得与君等同隶一堂！吾何幸而得与君等同话一室！吾之来此，特有所为；君等来此，当亦有为。虽来之先后不同时，吾敢决其所为者则一也。诸君不亦闻校长第一次之修身讲演乎？吾今以同学之资格，亦敢奉一言以赠我新同学。曰：

　　诸君来此非为求学也乎？求学何为，为学何方，不可不慎。今之世非古之世也，伏首案前，竟日苦读，凝神于词章之下，劳心于字句之间，费尽半生之工，无非为干禄之具。以言接谈，总讷不出口；以言行路，贵在弱不胜衣。导人退让，则曰犯而不校；教人隐忍，则曰唾面自干。他不足论，即以其身，已足令堂堂男儿，变为纤弱女子。至所谓国家观念，世界趋势，虽庞然大物，乃愚蠢不知。其为学如是，其得志可知。旅进旅退，得过且过。只求一日之安饱，不顾国家之安危。稍一有事，即主和平。亡国学派，奴隶性根，其毒之深，其习之固，直至今日，余焰尚存。故数十年来，人争我让，人进我退。人出令而我受命，人刀俎而我鱼肉。直至今国势维艰，四郊多垒；群盗入室，卧榻不宁；莽莽神州，沉沉欲坠；神明裔胄，奄奄待毙。揆厥所由，皆此腐朽之学派，不强之分子，有以致之也。彼等固自诩为圣人之徒，大道之统，孔子岂尝主此学说乎？彼又何曰，志士成仁，战阵无勇非孝也。盖彼昏不知，非吾国粹之不能兴国也。然则吾等今后为学，将如何而可？吾等当亦忆吾校长教吾等之言曰："自动，力行，发达三育。勿求安乐，奋勉图强。今日之世，忍受艰苦之世也。"言意深括，别开新道。吾辈不特铭诸绅书诸记，且宜常刻诸心也。

夫时势递进，趋向不同。居今之世，行古之道，圣人复起，不易为力。有识者必鉴前此之得失，谋后来之进行；按时势之变迁，定求学之方向。今日之世何世也，非群雄角逐，弱者不存之时乎？反观吾国，将又何言。吾等生于中国，长于中国，将必老于中国，势必扶植之，抚育之，竭其力以强之，陨其生以保之。故今日虽万分危险，吾等绝不可以一日而懈。况以今日之势，尚不至死，吾等绝不可以无望而不为。全国之存亡，视我青年之学识如何，敌力如何耳。为学之道无他，敦重德育，发达智体。救国之道无他，本吾所学，坚忍力行。灭私奉公，牺牲一切。如是则国虽沉沦，终能起之于苦海；敌虽至强，亦安敢侮倔强之青年！勾践之复仇，曹沫之洗辱，非先鉴乎！

呜呼！吾同学，吾青年，丈夫不求人怜，豪杰不待文出。中国我国也，我必卖之，彼固鬻之。若我而不卖之，彼又恶得而鬻之，以人道主义为心肝，以铁血主义为性命，立马于帕米尔高峰，东顾神州，西瞰欧陆，一战成功，遂霸天下，其快乐为何如也！勿自气馁，勿抱悲观，精神一到，何事不成。佛陀曰，度尽群生，然后成佛。健儿曰，胜尽敌人，然后立国。菩萨之心肠与英雄之心肝，固并行而不相悖也。不然者，奄奄待毙，步履先程，亡国有所不知，奴隶有所不顾，盘乐荒淫，日事昏醉，则国家何贵有我一分子，吾又何必求学乎？吾言尽于是矣，愿吾同人共勉之。

（《校风》第 3 期，1915 年 9 月 13 日）

《励学》发刊词一

陈钢

　　呜呼！顾瞻时局，盱衡世事，战争日以剧，竞争日以烈。资财都成尘土；赤血白骨，凄惨堪伤。盖此最大之竞争舞台，今日已完全开幕矣。强存弱亡，久成公理；弱肉强食，妄语大同。人不幸而生于二十世纪，目睹干戈之纷扰，身经战争之剧烈，欲求与人无涉与世无干，而人且涉我干我矣。国不幸而立于二十世纪，争夺纷纭自顾不暇。灿烂如锦之国土，一变而风凄雨惨，满目荒凉。欲求不鱼肉人、侵扰人，而人且鱼肉我、侵扰我矣。

　　呜呼！人更不幸，而生于中国；中国更不幸，而立于二十世纪。风云惨淡，滚滚而来，方寸之木，飘流于大海之中，虽欲自静不可得也。盖时势至此，国之强者且有不幸，矧我国之现象为何如哉？四千余年之古国，恒自诩为先进之邦，而今也转入世界潮流，反顾己邦事事逊人。以言工也，则墨守旧法，新奇制造寂无所闻；以言商也，则逐利蝇头，商业竞争不知何物。矿产未辟，外人染指。思尝海口星罗，友邦觊觎已至；推至军财两政，不足与世界争衡。事实昭然，岂容深讳！加以人心日降，道德浇漓，欲有振兴，每多掣肘。近年以来，外侮日逼，内乱迭兴；渔人伺旁，鹬蚌相夺。利乎，害乎？尚其思之。

　　今也萧墙不靖，祸起西南。慨时势之艰难，叹操戈于同室。当此之时，自顾不暇，更何对外之足云！现状如此，揆之情势，何以自存。是以有心之人痛哭流涕，不能自已。睹祖国之不救，痛神洲之陆沉；虽杞人徒抱坠天之忧，而袁安每倾爱国之泪。人而当此，亦云不幸矣。虽然，国之存亡，虽系天心而旋乾转坤端藉人力，坐以待毙，未有不亡者。起而救之，果谁之责乎？夫天下之事，本末相因，欲建大事于现在，必有希望于将来。希望一失，万念皆灰，更何挽救之足云。故国不患其弱，不患其危，而患人心之死。且不患人心之死，而患无将来之希望。苟有希望，人心虽死可以复生，国纵危亡可以复振。惟此星星之火，可以燎原。若并此星星之火而失之，则真不可救药矣。今中国果有星星之火乎？果有几希之望乎？是则千钧一发之顷，问题重大。我爱国之有心人，不可不一为潜心研究者也。

今夫天下事理，千绪万端，不寻其源，安究其委。国之所以能存立者，非一日之功，亦非一人之力，必其中合千万同胞努力合作，而后国土可完，国难可挽。然此分工合作之事，固人人有责，惟使一国皆老耄之人，则智衰而力弱，国可赖以强乎？或一国皆愚钝之人，知识不开，事理不明，国可赖以强乎？以此问题而询之路人，皆知其不可。若中国皆老耄愚钝之人，则惟有坐以待毙已耳，尚何希望之足云？而幸也中国虽有老耄愚钝之人，而四万万同胞中尚有精神活泼灵敏之青年在焉。工之不兴，不足患也，青年可以兴之；商之不振，不足患也，青年可以振之。既倒之狂澜，惟青年可以挽之；危亡之国势，惟青年可以拯之。中国之希望，其在此乎！今将此问题如是解决，吾知爱国忧国之同胞必将欣怃莫名，破涕为笑，而庆我国之无忧矣。青年何人，非吾辈数百万之学子乎？

噫嘻！国势危急，千钧一发之秋，而其几希之。希望乃在我辈青年学子之身，则吾侪之责任何等重要。

吾知以如此重任加于其身，必有骇而却走者。然苟救国有心，何忧补天乏术？所惧者并此心而无之，则吾尚何言哉！惟吾则深信吾青年皆有爱国之热诚，徒恐乏挽救之术耳！用贡数言，冀同人之采择。虽言之不工，而意或可取。愿吾侪同人勉而行之，跂而及之，日以负责自许，救国自期，千仞之山，基于一篑；万里之遥，始于跬步，理至明也。然则刍荛之言或不无小补也。

　　学子之本职，求学而已。而其求学之目的，非仅求知书识字也，非仅求糊口之计也，为其学成以济国耳。故学子之所学，与国家前途大有关系。而一国之事，学生更宜知之审也。今日伏案攻书之学子，非将为扬眉吐气之主人翁乎！主人之责至重也。譬之一家，奴仆唯唯诺诺而已，而主人则日夜劳其心力以经营之，劳苦甚矣。盖不如此者，家必因之而败。且主人之难，不独在于经营指画，而于一家之事，纤悉必知而后事可毕举。一家之主人如此，一国之主人亦如此也。详察一国之事，其利其弊在所必知。为学之时，正预备将来实用之际，于国家之事注意体察，然后国家大势了如指掌。及出校而入社会不致茫然无所适从。盖欲为主人，责任必重，心力必劳，论其实际，固不如奴仆之易为也。然吾辈岂甘为奴仆哉？则艰劳重任不能辞矣！呜呼，世之偷惰苟安者多矣。优游岁月自以为乐，其终不沦为奴隶不止，可不戒哉！此吾辈之应知者一也。

　　当今万国并立，皆日强日盛，惟我老大之国每逊于人。虽曰民智未开，要亦未得治国之道、外交之方。夫治国外交莫备于泰西各国，一举一动皆足资吾人取法。人不自善，借助于友；国不自善，取法乎邻。为学之际，当随时留心考察其国势人情，皆为吾人研究学问之资料。果能洞悉本国之状况，复了然外国之情形，舍弊求利，权重衡轻，仿而效之，试而行之，所谓借镜他人，反照己躬者也。然非当为学之时留心考察，将来眼光拘于一隅，无远大之见，危莫大焉。此吾辈之应知者二也。

　　凡人作事之力以渐而增，发硎初试每多失败。盖学问经验相辅而行，苟有经验无学问与有学问而无经验，皆不足以成事。吾辈身在学校，于求学一道自无异议，而于经验每多忽之，以为求学时代志于学足矣。及至学成入世，虽有大志不能有为，可惜孰甚焉！夫学校不殊一社会，以学校为吾人之试验场，课余之暇，练习作事。初试失败无患也，再试失败亦无患也，久久行之，数年后阅历大增。泊乎身入社会我施其能，而人受其福不亦乐乎！或谓学校与社会多不同，虽增阅历，与社会多不相洽，将奈之何？是固然也。然天下之事虽有不同，而天下之理，将奈之何？莫非一致，因一而例百，或亦世间恒有之事也。吾愿吾辈青年，课余光阴幸勿轻掷。须知天下惟作事为最难，作事而无经验为更难。身入社会屡经失败，最易灰人心志，澎渤郁积之气，恐至此而尽消归无有，可不慎哉！此吾辈之应知者三也。

文化进步，一日千里。人进我退，人智我愚。科学之发明，制造之翻新，人无不日新而月异，而我则蹈常习故，毫不知变。伏处斗室之间，不能放开眼界，以致凡百事业，步步让人，可胜慨哉！且人生世间，不知天下之事理，有心力而不知用，有知识而不知启，可惜孰甚！然则新知识不可不求也。人生于上古之时，科学一无发明，不可能一究事物之妙理，人且以为憾；而今也百学昌明，物无巨细，必有至理。立说著书，汗牛充栋，乃不知取而读之。珍馈当前，自甘藜藿，自暴抑自弃也。此吾辈之应知者四也。

自来学者之通病，皆尚虚言而不宗于实事。方其执笔为文也，则词藻彬彬，是理详明。一若治国安邦，运诸掌握及搁笔而躬行也，则不能成一事。虚之病人不亦大哉。今何时乎？一国之中，百事待举，岂空言之足以收效者哉。欲除此弊，必于实际求之。天下惟实为万事之基。基之坚者，虽粪土之墙可以持久；基不固者，即雕梁画栋转瞬即倾。此理之彰明较著者也。此吾辈应知者五也。

求学之道不一端，人之性情不一致，尽其所长而学之，斯得益矣。学校课程为普通而设，皆有定式，虽曰智愚之咸宜，每多枘凿之不入，若区区学此即自以为足，而于吾人之所长未能特别发达。玉蕴于山，不斫不见；珠含于渊，不取不得。斫山而取美玉，探渊而求骊珠，事至要也，安可拘于校课而即以为足乎？况吾人应学之事极多，校课不得而括之。辟荒而寻径，是在吾人之自择也。择其所长而精研之、阐发之，庶几学可以成，然后以之立身而有余，以之救国而有效。吾每叹夫昔之为学者，只伏案攻书，书外果有何事，不之知也。须知书中有学问，书外亦有学问。只求书中之学问，学至其极不过一儒者；若能兼求书外之学问，则庶乎能建大事立伟业矣。中国之所需者非此人欤！非此人欤！中国果需此人，吾辈当以之自勉。此吾辈之应知者六也。

　　呜呼！时势大难，竞争剧烈，神州垒卵，危象环生。当此之时，正男儿拔剑起舞之秋，非枕戈待旦，卧薪尝胆不足以有为。无高尚之知识、坚强之能力，空有其志亦不能达。吾最可爱之青年同胞。有以救国自任者乎！上述六事，固吾侪学子应行而不容缓者也。不患他人之先，只忧我之无志；不患他人之独强，只忧我之不振。岁月不居，时不我待。我青年其有志乎，请自今日始。各以上述六事自勉。

　　吾之所以自勉而勉同俦者，既已述之于上矣。然吾之所恃以达吾之目的者，果何在乎？幸也，殚心竭力，惨淡经营，而《励学》杂志出版矣。是编以交换学问，输入常识为宗旨。凡吾之所述均可于此编得之，则吾之所言即是编之所言也。而此编编辑之宗旨，即为青年之借镜，而培养青年之能力，亦即本杂志之责任也。力虽棉〈绵〉薄，志殊高远。将来神州大陆重见祥云，昆仑山巅再沾化雨，今日之痛哭流涕即为欢呼庆贺之因，惕厉忧勤即兆歌舞升平之颂。一天惨雾日光见，而宇宙重新；万种愁云雷声喧，而天地开朗。皆我青年之希望，亦即今日我国同胞所望于我青年者，而亦本杂志之责任也。敢不黾勉以期，克尽厥职哉！呜呼！片言安世宇，只手挽乾坤。凭此一点丹诚，留作千秋伟业，只人心之不死，即我国之长存。青年，青年，尚其念之。

（《励学》第 1 期，1916 年 2 月）

《励学》发刊词二

孔繁霜

《语》曰："君子务本，本立而道生。"又曰："物有本末，事有终始，知所先后则近道矣。"一人之修养且有然，而况于天下之大乎。英德之强，法美之富，日俄之兴，皆我所昕夕艳羡而亟思仿效者也。然而地势既殊，习惯亦异，任择一国之成法，完全移植于中土，必不可得之数也。近年以来国势浸弱，外侮迭乘，热心志士走奔呼号乎于众曰：六合之内，安有公法？黑铁耳，赤血耳，惟兵多舰重，为立国之要图。是说也，国人信之，国家行之。练新军，买战舰，卒无效也。又或曰兵甲为消费的，战祸连结，即胜亦复不自支。今日欧战可按也。惟经济力可以左右世界，而厚殖人民。是说也，国人信之，国家亦行之，劝工商，便金融，卒无效也。又或曰国家系有机体的，如个人然。政府犹脑筋也，脑健则动作灵而成事多。惟患不得良政府，政府良则国事治。是说也，国人近来颇信而行之，革清命，肇共和，卒又无效也。政治、经济、兵甲三者，英、德、法、美、日、俄以之而兴而富而强，我则以之而败而乱而将亡，岂运会所趋天地之间，其自由、其乐利、其尊荣，惟深目巨额之族与短小侏儒之伦所能有生以俱来，而我皇皇黄帝之华胄，反不能与其列分尝一脔，而理应困苦颠连憔悴零落也乎？此其故可深长思也。

夫大匠之营巨第也，其心目中则宫室如何之壮丽，垣墙如何之高大，园囿如何之宽广，然作始无寻丈之基，则巨第无所托也。老圃之植花木也，其心目中则枝叶如何之茂密，萼瓣如何之鲜艳，果实如何之繁盛，然作始无膏腴之土，则花木无自生也。大英雄之处理国事也，心目中则政治如何之优美，经济如何之殷实，兵甲如何之坚利，然作始无成效卓著之教育，则百事莫得成也。世人知巨第不可无寻丈之基，花木不可无膏腴之土，独不知立国不可无良善之教育。先其缓，后其急，持其末，遗其本，此所以变法二十年而国运愈趋愈下也。张伯苓先生之言曰："家世中落不足忧，如子弟之目不识丁，习为下贱何？纵有宝货其能有〈存〉乎？纵有田园其能守乎？"

呜呼！何其言之动〈切〉中时弊，若是其深切著明也。或以为时局危急，朝不保夕，教育迂阔，不救燃眉，曾不知七年之病，求三年之艾，苟为不畜，终身不得。若国人于国家危亡，熟视无睹则已耳。否则百废待举，其最切要而有效者，盖莫教育若也。虽然治国之要术在教育，教育不能直接致富强，致富强之责任要在教育已成之学生。犹之乎殖产之捷径在贸易，贸易不能直接置田宅，置田宅之资本，要在贸易所获之金钱。不得大宗之金钱贸易何益，不得良好之学生，教育又何益？然良好之学生非仅视办教育者也。诲尔谆谆，听我藐藐，固徒然也。而况夫凡百事业，皆贵自立；学术进步，端赖竞争。学生不知自立，何能立人？学问不知竞争，何能深造？此风不歇，教育救国仍虚语耳。

吾南开学校独不然。各会林立与学校同其发展，而犹以自治励学会成立为最久。植根既厚，枝干滋荣。会长陈君铁卿者，富于进取心者也。以为一校学生知自治，何若全国学生皆知自治；一校学生知励学，何若全国学生皆知励学。一国学生皆自治与励学，而国犹不得富强者，必无之事也。谋于众，众曰善，而本志于是乎出焉。装潢未必其悦目也，材料未必其丰富也，文字未必其警人也，识见未必其高超也。且既属学报性质，则范围自不能广；基金有限，则篇幅自不能多。然则何所挟持而敢遽以问世乎。孟子曰："予将以斯道，觉斯民也。"是则同人等夙夜兢兢，不敢怠忽之微意也。夫教育为富强之本，学生自觉又为教育之本，是学生自觉为富强之本矣，而本志其精神也。

呜呼，世变沧〈沧〉桑，念黎元之涂炭；干排雷雨，惟我辈之力争。行见禹甸清明声威，汉秦神州再造礼乐唐虞，是又本志未来之希望，窃愿与阅者共勉之也。

（《励学》第 1 期，1916 年 2 月）

学生责任论

于焌吉

天生万物各有责任，而其责任最多者莫如人，而人之责任最重要者又莫如学生，是学生者乃万物中负责任之多且重者也。或疑而问曰：学生责任既多，果为何事？曰：要不外现时与将来之责任而已。夫现时责任者何？曰敬业乐群，曰自治励学。将来之责任者何？曰淑身淑世，曰救国救民。

何谓敬业乐群？盖业精于勤。而勤之之道，贵持以敬。否则视学业为可有可无之附属物，其业不至于荒废者，吾佛〈弗〉信也。然朝夕伏案，又恐其脑力疲劳。故当余暇之时，或旅行，或游戏，以振刷其精神。此我校之所以有敬业乐群会也。

何谓自治励学？盖学贵勉励，而勉励之道，尤尚自治。否则必受鞭策而始行，吾恐其学问进步之速度鲜矣。此我校之所以有自治励学会也。此学生现时之责任也。

何谓淑身淑世？当出洋留学以还，值我国承平之日，或教授于乡，聚天下之英才，悉宏其教育；或建功于国，萃中外之豪杰，皆黼黻升平。否则或倾轧同种，或甘媚外人，不几为学校之污点哉。

何谓救国救民？当此危急存亡之秋，即系九鼎于一发之时，而欲振衰起弊，转弱为强，惟谁是赖？岂非为异日之宰辅，即日之学生是赖乎。学生既膺此义务，即当尽救国救民之责任。否则必至国破殃民，甘为外人作牛马矣。可不惧哉。

此学生将来之责任也。要之欲尽将来之责任，必先尽现时之责任，而既尽现时之责任，自能尽将来之责任。窃愿与阅者共勉之。

（《校风》第 26 期，1916 年 4 月 17 日）

做事应以"诚"字为标准[①]

张伯苓

二年前，由他校并入本校生徒共四班，四班中以此次毕业诸君结果为最良善。今兹言别，不禁黯然。每星期三辄与诸君谈，然则余所奉劝于诸君者，诸君闻之熟矣。但此次为最后致辞于诸君之日，斯不能不举其较大而易识者，为诸君将来出校做事的基本。我所望于诸君牢记而守之终身焉者无它，"诚"之一字而已。即现在座而非毕业生之诸位来宾与在校学生，亦甚望有以共体吾言也。就现在时局而言，袁前总统办事富于魄力，因应机警，即外人亦啧啧称道，然而一败涂地。其终也，纵极相亲相善之僚友亦皆不能相信，不诚焉耳。以袁一世之雄，不诚且不能善其后，况不如袁者。此吾少年最宜猛省者也。黎今总统才略不如袁，而即位旬日，全国有统一之势，恃诚焉耳！一以诚成，一以不诚败，而事实昭然，皆诸君所共闻共见，当不以所言为太迂远。盖权术可以欺一时一世，而不能欺世界至万世。不诚者，未有能久而不败也。用权而偶济，用诚岂不所济更大更远！中国近来最大患，即事事好用手段，用手段为行权术也。权术遍大地，而中原人格堕。一种人而无人格与无此种人同，然则不诚之弊极足以灭种亡国。如此言富强岂非缘木求鱼之道乎？可不戒哉！是故诚之一字，为一切道德事业之本源，吾人前途进取应一以是为标准。事出于诚，即无不诚；偶败，亦必有恢复之一日。聪明人每好取巧，取巧而得巧，则处处思取巧，终至弄巧成拙，聪明反被聪明

① 本文原题为《本校中学部第八次毕业式校长训词》，1916 年 6 月 28 日，由孔繁霱笔录。引自《张伯苓全集》第一卷，33—34 页。

误，事后悔恨已无及矣！望诸君明征学理，细味不诚无物之言。近按时人详察一成一败之故，既深知之，即力行之。然则此后与诸君天涯海角，貌则离矣；意气相投，神则合也。言尽于此，奋尔鹏程。

（《校风》第 36 期，1916 年 9 月 4 日 ）

论学生宜有沉毅之精神

漪甫

今之所谓强国者，必曰法律精、兵备严、教育兴而已。三者之中，尤要者，曰教育。无教育，则人民知识不开，道德不良。虽有法律，胡以守之；虽有兵备，胡以用之。故教育者，又法律兵备之本也。古者国有学，家有塾，以教国人。其视教育，如是其重也。今则学校林立，以育人才，其视教育，亦如是其重也。教育既重，则学生之责任自亦非轻。所谓学者，国之栋梁，中流砥柱。诚哉其言也。况且当今人人负责之共和时代乎。欧美之兴，岂有他哉，亦学生之自负重，故将来之收效良也。乃我中国，兴学之日，非浅也。学校之设，非鲜也，而少收效果者，则又何耶！曰学者乏沉毅之精神故也。尝观学子，嚣嚣然，断断然，若不可终日者，岂即此日日孜孜。将来转危为安，反弱为强，置国家于磐石之固，万民衽席之安。廿年为期，岂其远哉。

（《校风》第 37 期，1916 年 9 月 17 日）

拟向校风社社员演说大旨[①]

张伯苓

时至今日，吾国大局，殆已不可救药，无庸讳言。然而天不能亡我，惟我自亡；前途苟有分寸余地，即吾人犹有可为之机。诸君当知，中国近来之巨患，不在有形之物质问题，乃在无形之精神问题。精神聚，虽亡，非真亡；精神涣，不亡，亦必抵于亡。吾国人心颓靡久矣，甚至麻木不仁，毫无生气。屡经政变，徒杀人耳，而乱乃益甚。是故欲图转机，物质上之运用已穷，不得不深入一步，直接从根本上着想，以振已死之人心。振人心之利器有二：曰演说；曰报纸。二者各有所长，惟报纸为能致远而经久，吾所望于诸君者无他，须藉此练习备将来苦口婆心、正言劝世，以振起国民新精神，以重续国家新运命耳！

（《校风》第 39 期，1916 年 9 月 25 日）

---

① 本文在发表时有如下编者按："是日校长因有要事未能如愿莅会，用将演说大旨述之记者，嘱记者代达同人。然具有深意，所当永矢弗谖者，非第《校风》社员已也。"由孔繁霱记录。

文字救国说

孔繁霱

文字能救国，更能救今日之中国，虽方法有别，而结果无异。诸君疑吾说乎？请分言之。

一曰文字可以间接的救今日之中国。诸君知医者治病，必先知病人之体气何若，病原何在，方能对症下药，可望全愈。治人如是，治国亦然。诸君来学之目的，非救国乎？欲治国事，不悉国情，乌能胜任而愉快。所谓国情，大而政治学术之变迁大势，山川道路之形势险要；小而一时一人之事业影响，一省一县之风土人情。将来作事，对于国情所知者愈详细一分，斯国家多受益一分。犹之医者疗人，对于病情所知者愈详细一分，斯病人亦多受益一分也。然而研究国情，中西难易，大有径庭。西国文言一致，科学发达。校中所业，已对照本国立论，即不然出校自修，勤事浏览，国情甚易明晓。中国文言不一致，科学不发达，欲求新知，必需外藉。外藉咸道外国事，其立论之施于外国而宜者，施之我国未尽宜。是故研究本国情，必读本国书。本国书汗牛充栋，求为非妄说，而断然可据者，如经史子集之类，太半诘屈聱牙，非素于文字有工者而读之，必将如温公所谓，未尽一纸，已欠伸思睡。夫古人往矣，必不能起诸九泉，令其改造旧作，变难为易，不但事之所不能行，亦且时之所不及待。窃所望于诸君者，课余之暇求文字工力。

有素无不能读之书，即无不可晓之事。新知既已博洽，国情又复熟悉。然后将彼新知，施此国土，则措置无不宜，而国于焉治。故曰文字可以间接的救今日之中国也。

一曰文字可以直接的救今日之中国。校长有言："居今日而言救中国，物质上的运用已穷，一线希望，惟在精神上的治疗。其手术有二；一曰演说，一曰报纸。"演说一层，姑勿具论，但言与本题关系綦切之报纸。欲用报纸以振奋精神，即用文字以感动世人。欲用文字以感动世人，必吾人文字，真有感人之能力乃可。不然，用极多资本，设一极大报馆，所出报纸外表极其壮观，内容极其丰富，无如人之一读而倦，再读而眠，尚何效力之可言？古今中外，感人最深之著作家亦伙矣。略举数人：如意大利之 Dante[1]与 Petrarch[2]能将欧洲黑暗时代，潜移默化，变而为欧洲古〈文〉学复兴时代。普鲁士之 Fichte[3]，能在普法之役，普国最危险之际，苦口婆心，振起已死之人心，至于今日，为世界第一强国。又如吾国现代梁启超，甲午以还，著书立说，可以将著名远东之老大帝国，一奋而筹备宪政，再奋而恢复共和。彼人也，我亦人也，何为我不能动人，而彼则能动人如此之甚也？间尝思之，所以然之故，大要有三：一曰天才，二曰知识，三曰以普通文字作手段，以美术文字作基本。第一项天才问题，高下不由己。第二项知识问题，则吾人正在求学，日日进步，将来或出彼之上。惟第三项最当注意。盖人皆有思想，有思想即有比较的能力；有比较的能力，即有判断的能力。此也美，彼也恶，莫不去彼而之此。故世间感人之甚，莫如美。同一事也，有口才者道之，则觉谐耳动听；无口才者道之，则觉逆耳取厌。一有美一无美故也。此理甚显，无𤋮晓辩。所以不佞奉劝有天才有知识，而欲以文字感人者，必须用普通文字，求易解能普及。尤须治美术文字，以感人而锐人。深浅得当，雅俗并臻，斯志愿乃可偿也。

呜呼！大厦将倾，狂澜既倒，时至今日，所谓从精神上下手，最后之一举。苟有效果，则物质进步，国家富强，蒸蒸日上，四万万黄帝之

---

[1] 但丁（Dante Alighieri, 1265—1321），意大利诗人。

[2] 弗兰齐斯科·彼特拉克（Francesco Petrarca, 1304—1374），意大利诗人，被誉为"文艺复兴之父"。

[3] 约翰·戈特利布·费希特（Johann Gottlieb Fichte, 1762—1814），德国作家、哲学家。

苗裔，可以跻天堂享幸福；苟无效果，则精神涣散，国家沦亡，万劫不复，四万万黄帝之苗裔，将见下地狱讨生活。其关系盖如此其重且大也，然而吾人所恃以获此最后五分钟之效果者，非威廉式要塞炮、非徐伯林式之飞艇，乃恃此一撮之毫，径寸之墨，故曰："文字可以直接的救今日之中国也。"

使诸君以鄙说为可信也，而居之不疑，急起直追者，诚不佞之大幸，亦国家之大幸也。窃愿与诸君共勉之。

（《校风》第 44 期，1916 年 11 月 1 日）

我校人数满千感言

纯

有清末叶，国政不修，频患杌陧；外侮日逼，内乱时起。有识者乃奔走呼号，惟教育是倡。教育之声，遂终日呦呦于人耳。于是科举废，学校兴，一扫从前积弊，稍随世界潮流。津门为开花较早之区，学校亦相继而起。十二年前，藉严、张诸先生力，又有敬业中学之诞生。敬业中学者，我南开学校之初名也。

世之论南开学校者，莫不曰精神佳，成绩佳。记者未至津门，即闻人言有所谓南开学校者。惟其时师生总数，尚不及今日同学之半。今乃日新月异，转瞬间已臻千人之域矣。记者不敏，愿进一词。

世之谓我校精神佳成绩佳，不为无因。何则？盖我校对外则运动、辩论等事，数年来已执津埠之牛耳，并称盛于北部。对于内则各会林立，功课綦严，其精神，其成绩，固昭昭可见也。但前此统统，如何发达，如何进步，胥为过去之事，不必赘言。惟有一语须提及者，则我校所以发达，所以进步之原因，因有希望在。有希望然后谋所以达其希望之方，思所以见其希望之事，时存不足心，而骄心不起；时存好胜心，而兢心以生。职是之故，其进步，其发达，大有一日千里，不可遏止之势。

今已达千人之数矣，其希望可谓遂乎，曰未也。但校长曾云，斯时可为我校之小节束。如人然，体格长至七尺有余时，则应求体内之发达。四肢如何使之强，脑筋如何使之富，不至身广体胖，而成麻木不仁之人。故我校今日之所最宜注意者，则惟精益求精，实益求实而已矣。

自今已往，即取精益求精，实益求实之主义。则对内对内，皆应积极进行，使之发挥光大。而负斯责任者，一方面则我经营惨淡之师长，一方面则我千百之亲爱同学是赖矣。

第一方面，姑不具论。第二方面，想我同学，必无不愿负斯责者。欲负斯责，请实行下列三语——德育之注意，智育之增加，体育之发达。

幅短意长，不能逐段繁言。但果人人不忘此三语。而依行之，则我南开学校希望中，或可飞扬于世界舞台上。而我可敬可爱之南开，将与中国以不朽。记者此言非骄非狂，特我望我十百可爱可敬之同学同负此责耳。

（《校风》第 61 期，1917 年 4 月 18 日）

修养之精神与事业之精神①

李壮猷

鄙人自皖赴京，道过津门，得与诸师长、同学欢聚一堂，诚难逢之佳会。今夏于沪，邂逅张伯苓先生，言及奖牌事，系在校师长、同学，每人纳铜元一枚，合资筹备铸就，赠与韩乃赓先生及鄙人，不胜感谢之至。虽师生出资甚微，吾以为千金不是过也。此物质上之作用，于将来作事之精神，裨益良深，诚鼓励精神无上之物品。其文曰："南开精神"。然余不禁有感焉。南开精神，考质言之，即南开教育之精神（College Spirit）也。就体育而论，尽力提倡，欢欣鼓舞，运动比赛，本校胜于他校。现今三育并重，"南开精神"，惟体育不足以括之，德育智育，必同时发展，若有所偏，决非南开之精神。余离校已近十年，返国甫及二载，学识经验，所获殊鲜，学校精神，可分为二。

（一）修养之精神

（1）敦品立志，为必须之精神。学校为受知识之地，不但学问道德，即各种技能，皆涵养是中。当斯一发千钧之危局，国家之盛衰兴亡，非吾所敢逆料。现在之青年，异于前代之青年，将来之青年，又异于今日之青年。作事须有毅力，能坚持心之所向，是谓修养之觉性。

（2）及欲作事，必先量才以供世需。当此人才济济之区，青年学子，无不愿高人头地，以遂其报复学校教育之心。凡事之不克作到者，宜让贤以代。若不立志，如巨舟之泛海，飘摇无定，可东可西，惟敦品励行，

---

① 金邦正在南开大学演说，李壮猷记录。原题为"金仲藩先生演说"。

知过能改，而后作国内不可少之事，是谓修养之自信力。

（二）事业之精神

（1）作事经验浅，而责任重大，出而任事，必先修养。家庭出资，送于学校，而涵养之。师长循循善诱，授之以知识。报复师长、家庭，则足踏实地，为不可少。

（2）余以为沿江之安庆，与内地无异，失败成功，在可否之间，然非以就事任期长短为断，在良心之主张，品行之操守，有无把握。

（3）今有人焉，归自异邦，始也抱治国之志，小试牛刀；继则时艰蒿目，磊磊不合；终则怀抱利器，郁郁适兹土。是谓悲观主义。

（4）畏难苟安，与世浮沉，染不良之习惯。是二者，因处境不同，不能达其目的，舍推翻改良外，无由也。故作事必先立定志向，庶不负大总统谆切之命令，本校教养之苦心也。

（5）见义勇为。凡能作之事，尽心力而为之，量己才之不能胜任者，则推贤以代，勿徒尸禄位，敷衍了事。

（6）名誉为第二之生命，不待言也矣。有以名誉为勿足轻重者，乃不自爱人。今时局危迫，险象环生，只因不顾名义者，过多故也。身受教育，若与知其误而复效之，何必培养人才，建设学校。凡争权攘利，仅可委之于他人，独良心之主张，不可让人，尽良心，保名誉，吾视第二生命，较第一生命为尤要。此固远胜于争权攘利，而报国、报家、报南开学校，亦即随之矣。鄙人由安庆往清华学校，于教务之暇，可求未得之知识。现安庆林政，暂由同人代理，嗣数年后，再返安庆，决定扩充林政。余身虽在京津，而心则掠余而先返也。今日一则致谢于校长诸师长及诸同学，赏赉鸿章。二则以修养为将来作事之预备，乃南开真精神也。

（《校风》第 71 期，1917 年 10 月 15 日）

十三周年纪念会感言

韦光焵

　　沧海也，垒〈桑〉田也，地之所以成者也。风云也，雨露也，物之所以生者也。苟无变化以出之，毁坏以改之，则无以成其大，而遂其繁。故变所以改之，坏所以全之。不变不坏，而能常存者，未之有也。生于患难，则生厥永；成于变化，则成厥伟。故曰，天之将降大任于是也，必先苦其心志，劳其筋骨者此也。是以临大难而不死，历大危而不亡者，盖天使之将有为也。非欲使之陷于危亡，乃所以鼓其精神，砺其志气，一往无前，克成厥功者，天之骄子也。然则我校陷洪水，经大难而不邀〈天〉者，非天欲所以发其精神，而大其成功者哉。

　　我校阅寒暑者十三，学者千人，不可谓不多矣。法则庄严，精神巍巍，不可谓不善矣。然无灾难以激之，变化以进之，则无以丽日月而铄古今。然而今之洪水非祸也，福行也，使南开并天地丽日月。以其自救者以救人，以救世界。则洪水之来，方将欢迎之不暇，何忧之云哉。吾校既经洪水，则南开非昔日南开，而为洪水之后南开。今之锦绣文章，非昔日之所有也；法则命令，非昔日之所有也；屋宇房舍，非昔日之所有也；学问道德，非昔日之所有也。非谓昔日无有也，昔日有之而不纯也。昔以屋宇为处，法令为治，论记为学，无过为德，事倍而功少，学勤而成微，其法非不完也，其为功则微矣。今也以精神为处，其处也安；以良能为学，其学也深；以良知为德，其德也纯。良知良能无敌于天下，以之为人，而人不善者，未之有也；以之为国，而国不强者，未之有也；以之为学，而学不良者，未之有也。故曰，南开非昔日之南开，而为精神神圣不可侵犯之南开。然则十三周年一年也。十三周年纪念成立纪念会也。吾辈之于斯会也，其希望为何如哉？希望成事之母也，希望大者，其成大希望，小者其成小。大者不能使之小，小者不能使之大。然则将大南开于不朽可乎？曰，非也。南开非一己者也；而中国世界者也。以南开之良知，以救中国世界，中国世界而不治者，吾不信也。故曰，吾人之希望，在救中国救世界，而不在南开。中国而不强，则南开之责未尽；世界而不治，则南开之负未释。中国、世界而不救于南开，而天不绝南开者何居乎？夫天既已付中国世界之责于南开，南开而不救中国世界，是背天命也。然则吾辈，将何以副天意乎？曰，发其良知，竭其忠诚，仰不愧于天，俯不怍于地，牺牲一己，扶助众人，使惨风悲雨不复存于世界。此吾辈之责任，而南开之真精神也。因有所感，于是乎书。

（《校风》第 75 期，1917 年 10 月 22 日）

吾校藉居法校舍之感言

赵光宸[①]

  南开具南开之精神。虽然是精神也，手不能扪，而耳目不能听视，不发觉于平时，却显露于患难中。当夫水灾分散一校数处，试一观之，似乎精神漫散矣。焉知不月余间，而水灾后之南开，竟恢复原有之精神，且增吾曹一番经验。噫！其恢复如是之速者，何在？曰：南开精神。南开精神奚自乎？师生之团结力耳。

  今吾校藉居法政，以法政校舍，得以容吾师生以共处也。地虽法政，与水灾前之南开何异？虽然，我校以地址名，现既迁居法政，切不可心存异念，镇日皇皇，以为水退归校，方安其心。须知南开学校非校舍之南开，非地势之南开，乃精神之南开也。虽校舍已矣，旧址失矣，吾精神未灭。彼旧址也，校舍也，乌得阻我进步！况法政地址，殊校舍仍不昔异，吾知南开精神，必不为之一减色也。

  余窃愿南开自今日始，更结水灾后之精神。结水灾之后精神，非置水灾前之精神于不顾也。盖使原有之精神充斥，以臻完善，且补水灾中一月间之损失，而结果于将来也。呜呼！将来之结果，胥在今日之师生。凡事经一次之艰险，即是得一步之进化。苟畏难退缩，不特不进步，反退化焉。今南开得出于水火中，将来进步正未有艾，吾侪免乎哉。

（《校风》第 81 期，1917 年 12 月）

---

① 赵光宸，南开学校一年五组学生。

《南开思潮》发刊词

鸟能飞，鱼能游，人不能也。人惟不能，乃独超然群动，揽万物而役之。岂其力足恃乎？虎豹象犀，力大于人者多矣。然而物不役于兽，而独役于人，则人有高上之脑力，奇异之思想耳。网罟以罗鸟，钩饵以捕鱼，弓矢陷井以猎兽。故人不必飞，不必游，不必伶利爪，而已足役万物而归，我有脑力思想之足以恃也。

虽然，民之生浑浑噩噩，非尽能有此脑力，有此思想。然此林林总总，不为异属所残杀，而得保其生命，则赖有此脑力，有此思想者之扶助耳。我有脑力以示人，则人皆效我之脑力，而我之脑力不损也。我有思想以饷人，则人皆仗我之思想，而我之思想不减也。何则？同类共生，天民先觉，相扶相助，人道所固然也。

吾扶助他人，法有二，曰口舌之役，曰笔黑〈墨〉之役。故演说与报纸，世界直认为促进文明之利器。口舌之效速，而用则甚狭，不足以救吾人今日之弊。若夫以几人之脑力思想，而能辅助全国民德民智之进行者，则报纸是。

西化东来，报章杂出。虽种类不一，而要以助人为指归。集少数人之思力，以增进无数人之文明幸福，虽路隔重洋，而铜山洛钟，响应迅捷，其效用之广，殊有非口舌之役所能比者。诚哉，其为救时之利器，而吾人所当务者也。

南开学子，济济千人，虽其间未富全才，然不无各有所长。或有高上之脑力，或有奇异之思想，合之以助他人，则葛阳芷桂，各呈其用。于是集腋成裘，裴然巨帙，无以名之，名之曰《南开思潮》。是潮也，发于脑海，集于思海，流行于人海。其波也无声，其荡也无形，淡漫浚瀹，可以涤万物，笼百熊〈态〉，洗濯人类之脑球，灌溉社会之心田，俾世道人心，稍有所补。此《南开思潮》之作用，而尤敝社同人所希望者也。

　　或曰：子言然矣，行则非也。夫以学生之思力，有几多见闻。而子乃欲涤万物，笼百熊〈态〉，用为救时之利器，适足资识者之一笑耳。记者始应之曰：否，否，不然。智者千虑，必有一失。人各有长，亦有所短。安知个中价值，不值一钱乎？献尔刍，供尔荛，夫固无恶于社会也。况当今时代言论自由，楮墨竞功，正学子所宜事，又何乐而不为。至于虫吟之笔，管豹之见，度不免为智者嗤。然格其糟粕，撷其精华，是所望于阅者。

（《南开思潮》第 1 期，1917 年 12 月）

我们的更大快乐

马骏[1]

兄弟到南开学校，已经三年啦，亦就是与诸君同窗三年啦。自己对于我们三年一组，是非常的快乐。

这个快乐，我想不但兄弟有，就是诸君一定也是一样快乐。因为什么，这种有二个大关系，能使我们快乐。

第一就是同志。我们皆是青年人，皆是有志的青年人。同戴一个中华民国，同戴一个贫而且弱的中华民国。谁不愿我们的国富，况且是有志的青年人吗。所以我们是个同志救中国的人。既是这样，我们处在一处，对于将来，有莫大的关系。想到这里，能不快乐吗。

第二就是缘分。在座的有的是两广的，有的云贵的，江浙的，河南的，东三省的，直隶的。这些地方，相距不下千里万里，而我们相距千里万里的人，能在一个学校读书，并且同室同时，同一先生授课，食同桌，寝同室，出游相伴，患难相助，疾病相扶，而对于三年一组，更存同荣同辱的关系，岂不是我们有个缘分吗。想到这里，岂不更快乐吗。有这两个大关系所以才使兄弟快乐，所以才使我们大家快乐。

我们的志，是要同心协办去救中国。因为什么要救中国，因为中国与吾你是休戚相关。然而救中国，是将来的事，能否作到，尚不可知。在这个时候，我们为什么不把我们同荣同辱的三年一组，在南开作成一个强有力的班呢。中国的贫弱，不是物质的贫弱，不是因人力达不到的

---

① 马骏，南开学校三年一组学生。

贫弱，是人不去作，才使中国贫弱啦。我们自号救中国的青年，知道国家的病，就应当治他的病，就应当自己都去作去，就应当作个人的最好的去。

现在我们已经三年啦。三年里头，在南开学校，我们有什么成绩？可以说没有。是我们不能班上有成绩吗？不是，对于学校比赛上的说吧，习字、国文、运动、算学、足球、筐球，以及演说，那一样只要我们用心去练，虽然不能操必胜的卷〈券〉，然而也不能太落人后。由对于功课上，作事也不能得完美的效果。因为什么，是因为人不去作。有志的青年人，是这样，你拿什么治国病去？想到这里，实在令人生怕。

庸人之所以为庸人的，是因为他知过不改。诸君不是燕赵慷慨悲歌，就是江浙陵秀美杰，不然也得名山大川之影响，对于这个病，一定要改。我知道是一定能改，就是兄弟庸庸碌碌关外的野人，也要奋力自勉，改去了自己的大病，好追随诸君的后尘。我们同人，同心协力，互相规勉，为我们三年一组争荣，使三年一组之名震动全校人的耳鼓，不是难事。到那时候，我们岂不快乐，岂不更快乐。将来以此济国，国焉能不强。国已强啦，我们岂不更大快乐吗。古人云：以前种种，譬如昨日死，以后种种，譬如今日生。凡事皆从今日作起，愿与诸君共勉。三年一组幸甚！中国幸甚！

（《校风》第 89 期，1918 年 3 月 17 日）

南开同志三信条[①]

张彭春

年假已过，诸生或回家，或住校，皆得休息，希冀以新春之爽气，洗尽一切污点。今日为又一学期之始，须思此学期中，所欲学者何？所欲得者何？为何来此修学？今愿以数分钟之时间，讨论一事，题可名之曰：南开同志三信条。

我们试思能摇动世界变化人类者，果以何物为最有力？是物也，凡有思想者，皆深致意以研究之。宗教家名之曰信心，哲学家名之曰志愿力，德国哲学家 Schopenhauer[②]之解释谓之曰，生活志愿力（Will to Live），以努力求生为世界各事之原动力。后德国之 Nietzsche[③]氏，又谓曰争权志愿力（Will to Power），以努力竞争孰得力最大为志愿。美国（William James[④]）曰信仰志愿力，以此志愿，斯可摇动世界。试观一事物，皆须以信心成之。无论为公为私，爱国志士必须有信心而后成功。斯为公者固如是，为私亦然。拿破仑自私实甚，然以其有信心也，卒能成事。彼尝自信，以极大之军队，经彼努目一视，皆可为之效死疆场。政治上既如此，即研究科学苟无信心，亦必一无所成。既知信心为摇动世界之原力，故愿于学期之始，研究南开同志之三信条。

（一）我们信国家。（二）我们信教育。（三）我们信南开。

---

① 1918 年 3 月南开学校第二学期始业式，张彭春代理校长演说。由澜记录。
② 叔本华（Arthur Schopenhauer，1788—1860），德国著名哲学家。
③ 尼采（Friedrich Wilhelm Nietzsche，1844—1900），德国哲学家、语文学家、文化评论家、诗人、作曲家、思想家。
④ 威廉·詹姆斯（William James，1842—1910），美国哲学家、心理学家和教育学家。

（一）我们信国家。国家为人类所组成，现时人类组织最大者即国家。将来世界进步，或破除国界以全球为人类之组织体。然即如是，国家亦必有其地位，如今日国之有省，省之有县是也。若知吾侪非国家无以自立，则必须信之。不过当信一可信之国家，如无可信之国家，则当造之创之。欲造新国，当以二事为准则：（甲）要以多人的国家。（乙）要以自立的国家。多人的国家为多人之幸福而设，不仅为少数人之幸福权利也。自立者，谓系能自主，非受羁于外人。今日之时局，固艰难万状，然若坚抱多人、自立两主义尽力为之，终必有成。鉴诸古史，一有自利之心者，人格立降。故在一国之中，当思舍己而求我之真己。不舍则老死于棺木之中，舍己则可得不朽之乐。聚上所言，而抱定宗旨，曰我们信国家。

（二）我们信教育。此尤浅浅易明。如不信教育，则吾侪今日当不在此堂聚会。今众聚于此，固为信教育之明证。然信教育之深浅冷热不同，有者信之深，有者信之浅；有则热心信之，有则冷淡信之。我们信教育者，因知教育为一造道德能力思想之机关，能使人人格高峻，能力增长，思想清明。且欲造新民新国，非教育不为功。既信教育必爱教育，是理至明。吾侪来此，余冀自动者多，被动者少。自动者，既爱教育而后努力前进，当不用外力，自应悟教育上有此一种特别的趣味。诚如是，则无管理，亦可发达。

（三）我们信南开。今日南开稍知名于社会，如今日之学生，与已往之学生不同。往者本地人居十之七八，今者不过十之三四。非津城人数减少，其与全体之比例数较前为少耳。今日住校者人数加多一事，可证明之。此可知南开范围已溢出本城之外，学生籍有二十省。誉南开者，不外曰办事认真，曰规矩严。办事认真者，实以南开实地求是，工作诚恳。规矩严者，非真管束甚严之谓，实导学生以真自由，自遵遗〈以〉从法律之自由（Ole liance to law is liberty）。不遵法律，决无自由。各国皆然。南开精神尤可于出校学生中见之。年假中得两函，一自美，一自日。美为孔繁霱、李广钊、冯文潜诸人所寄，信中对于母校之热心，观之良足欣慰。日本南开同学会报告组织之状况，每月一会，会时以《校风》报讨论之，以不失南开精神为主。

有毕业生现肄业某校者，告余彼初闻校长言，在校不知南开之精神，出校方知。彼先聆是言，初未之信，今则恍然，知南开实有一特别之精神。吾侪处此团体中，抱此精神，即当信而爱之。彼不顾团体自私争先者，实不配为南开分子。南开处津地，古燕赵慷慨悲歌之土也。所谓慷慨悲歌者，系不顾艰苦，而求远大的生活之谓。吾侪自应存古是风，当仁不让，方足称为南开学子。今日去去年暑假不退半年，而以我思之，则不啻数易寒暑。水来校分，分而复合。水至之夜，余尝曰："如有自私争先者，则吾侪不应生活。"人若经灾困而不能得其教训，则良机坐失。水灾后，我师生皆义勇有为，遇事争先，无推诿弊。不惟我校，津埠亦然。今日则故态又萌，依然如旧矣。天之与人，实欲以灾祸变其自私之心，故经此一灾，须永识之，无待其再，则庶几乎。

对于信南开，余尚有一意。余信南开，因余所看之南开，非仅现在，而实在将来。校长自美来函，言我国弱点固多，然所恃者能时常推难前进耳。所谓推（Push）者，实应保存之。校长并言，愿与我南校千人以发达作事之机会，以练有此推字（Push）。然后抖擞精神，为吾辈下一代争。或推而广之为下数代争。统观一切，余深信此第三条，我们信南开。

今日为第二学期之始业日，余以此三信条为诸生告。

（《校风》第 89 期，1918 年 3 月 17 日）

校风

韦光煐

　　校者，文明母也，文明者，世界所由进步也。人母文明，则天下向风矣。何者？今之青年，他日世界主人翁也。此未来之主人翁，非教养于学校乎！然则其言，学校所习之言也；其行，学校所习之行也。其言其行之高下，世界文明所趋转也。故曰，校之风，风天下。

　　风者，校之表也。其所以风者何曰？精神也。精神者何曰？自动也。然则自动即校风，校风即自动乎？曰非也。自动而道，风也；自动而不道，枉矣。所谓道者，动而静，静而动之谓也。动而不静，其弊也浮嚣；静而不动，其弊也颓靡。故欲改良校风，则必动中有静，静中有动。今之所谓良校风，其不失之严，即失之宽，弊在不知自动之真相故也。

　　今日我国所谓良校风者，我知之矣。严其规则，高其程度。使生气活泼之青年，而为木石偶像；使志向雄大之学生，而为愚夫。所谓良校风者，如是而已矣。

　　好动，青年之天性也。好动则多过，过而罚之，而不与以自新之道，则廉耻丧矣。廉耻丧，则无所往而不为矣。是以规则愈严者，则学生自新之道愈少；功课愈多者，则学生思悟之心愈狭。盖规则严，则学生羞于自新；功课多，则学生无时以思。羞于自新则过多，不思则徒诵章句，而不解其义。故曰规则严而过失多，功课多而智识陋者，非虚语也。惟青年为难养，任之则浮，抑之则沦。

　　故青年宜养之以廉耻，助之以道德；倡其自动，而戒其浮嚣。能于动中有静，静中有动，使人一望而知为英雄之气概。此乃真自动，此乃真良校风。

今之言曰，南开校风美矣，其所以美者，恃有精神也。然则南开之精神，果为真自动乎？果能育才养英，不汩没青年之志气乎？是则不可知也。然请以校长之言证之。校长之言曰，南开精神在学生各自操作，各知自爱自尊。由此观之，则南开精神有真自动矣。此吾之所以喜，然亦所以罹也。喜者何？有良校风也。罹者何？虑或失中也。同学乎将何以自勉。

（《校风》第 97 期，1918 年 5 月）

人贵有责任心

杜国英[①]

人处于今日中国，内哄之烈，外侮之殷，伍无淬厉之兵，朝无哲硕之士。而蚩蚩者又往往为野心家所利用，于是岌岌皇皇，觺觺而相告曰："此皆民智不开，学理未精之所致也。不得不提倡教育。"而不知实非也。夫今之争权夺利阋墙不相容者，未必皆目不识丁也。苟与之谈治国之大道，欧美之法制，民生之凋零，御侮之方法，亦未必不成竹在胸。言之有理，而独与事实相远者，盖无责任心耳。

责任心者，造就人材之正鹄也。材成而不负责任，是与浑浑者等，而又何贵乎教育哉。故曰："人贵有责任心。"责任心之培养，亦非易易也。在校时必练成此等习惯，出校后方有此种良风。因果相承，理固然也。

我南开同学，固难人尽有为于国家，然而心望中国之强，社会之良，家庭之乐，个人之成，则一。不然，诸君之来何为？诸君既秉承斯志，期其有成，在校时必培养负责任之心理，以为应世之先声。而所谓学校责任者，在他校固或甚小，至于在［我］校则不然。我校素以共和制名，学生之于学校，皆具改良增进之义务，职无旁贷，理亦当然。而乃闻有以《校风》报为不良，而不谋所以补助之者，窃诚大怪。夫《校风》报者，本校学生之出版物也。本校学生皆负编辑之职，非仅三五职员也。既知其不良矣，则当改革之完成之，使有所表现而转移我校之风气，始可谓之尽职。非仅哓哓评其是非已也。我校虽普通科，然学者千人，其

---

① 杜国英，南开学校一年级学生。

中不乏眼光聪锐，学有渊源者。若能出其力以补助《校风》，则《校风》之成绩必在意料中矣。诸君非有志为中国之健儿者乎？在校时且不能合力匡翊学生出版之《校风》，出校而能合力补助一国之事业，非余所敢知也。故曰：人贵有责任心。

（《校风》第 98 期，1918 年 5 月）

今后学生爱国之真相

杜国英

　　呜呼！我国今日何日，外侮频来，内忧叠起，非危险之日耶。印度波兰之痛苦，不意将发现于今日。孰非华胄，孰无心肝，而忍视之乎？然而大声疾呼，则充耳无闻；奋身不顾，则应者盖寡。而不识不知者，又酣嬉宴乐，宛如无事；其有识者，亦惮于声势，诱于禄位，不敢有所作为。藉有本其天良，发其至诚，以求补救于万一者，而压力横施，非使之不得伸其志发其言不可。嗟夫！率百人而聚，无一人知爱国者，率十人爱国，无一人收其效者，则有其名而无其实也，有思想而无方法也。况无思想者乎？无名无思想者盈中国，此国力之所以日衰，而外侮之所以日甚也，可胜叹哉。

　　夫强邻方挟其鲸吞灭族之手段以待我，而我则阋墙之祸不息，攘权之心愈炽。人以甘饵钓我，衔之不怪；人以势力诱我，处之甚安。朝无谠言，野无直士，求国之不危能乎哉。人民藉国以生，国以人民而立。国亡则民为牛马，无民则国为虚号。相依相处，固有如乳儿之于慈母也。乳儿失其母，犹可提携以至成人。若失其国，而能出奴隶牛马者，未之闻也。嗟夫！国之于人如是，而人漠然视之，殆有不知其为何物也。近世以来，国家主义、民族主义，时轰耳鼓，而曰爱国者，卒鲜实际。其未知国之真意耶。抑有爱国之心，而不得其法也。

　　夫我国百十年来，与外敌遇，莫不失败，其最大之缺点，则不知国家为何物。君之于臣也，官之于民也，阶级各异，责任划分，是以国家大计，以为少数人之私事耳，而非国人所敢问也。

我国独立东亚，居恒自尊，目邻邦为夷狄。于是乎朝代变更，皆为私人兴替，而人民之于国家观念也，无怪其为希〈稀〉薄。吾观乎同省同里居之人，出则倾盖如故，入则形同路人。盖故乡异地，其情之为疏为密，有不自觉耳。是知有他国，而后知本国之可亲；知他国之现象，而后明本国之状况。盖物无较而不见优劣，国犹是也。国人不觉，夜郎自大，守故蹈常，所学无用。无裨于社会，而尽力于国家。国之贫困，有由来矣，而不揣其本。徒慨于暂时之险象。慷慨陈词，牺牲报国而外患未必弭，内忧未必息，又安得谓为真爱国哉。

真爱国者，真爱自己者也。夫国既为个人之具体，是国之强，必恃乎人民之有为。今日政局之纷扰，党乱之相侵，固在位之咎，而民亦不得辞其责。盖聚群盲不能成一离娄，聚群聋不能成一师矿，聚群怯不能成一乌获。我国人之心理，重官而轻民，尊上而卑下，不知爱国之事属于己〈己〉，而不属于人也。个人强则国强，个人弱则国弱。此理也无待烛照而后明，数计而后知也。然而所谓爱已〈己〉者，非谓高车驷马，酒肉征逐，适其物欲，纵其外务也。必有治生致力之道，其道维何？姑略言之。

勿浮动

动非恶辞也。地球动，而后昼夜四时分；血脉动，而后四肢百体活。盖动必以其时也。地球动而不循轨，则混淆天日，黑白不分，而不能育万物矣。血脉动而不按其则，则狂奔驰骤，清浊莫辨，而不能生躯干矣。是动诚美，然失其态，则过矣。故曰，静能见隐，虚能见实。盖天下之事理，每在乎穷思远索；天下之事业，每成乎静心养气。而血气者，每见一事，则奋臂疾呼，义不欲生。而事过境迁，则醋嬉如故。盖其动也骤而浮，其功也浅而显。若夫深思之士，一事之来，察其由，穷其理，而后调其应用之方，目之如无闻，求之则无穷。盖其动也缓而静，故其功也深而隐。微功或能阻一时之野心，深思诚能杜将来之巨患。且动而失浮，则有时罹患难而遗恨无期；动而不浮，则有时似无补于事，而卒能致效。然则伈伈伣伣，不动不息者，得无谓之深思耶！为公义而死，为击贼而亡，得无谓之浮动耶。曰否否。夫所谓动之浮不浮者，对同抱目的有为之人而言也，非所谓偷生苟活，以来取媚于人，而与精诚气魄高尚其身者较也。必同一救国之思想，而方法不同，其果各异，始可辨其浮静，而孰得孰失焉。

注重意志的活动

活动有肉体精神之别。肉体活动者野蛮人之所为也，其重在言动而形于外。精神活动者，文明人之所为也，其重在意志而蕴于内。视其内外之分，而野蛮与文明判焉。学生者，求文明而鄙野蛮者也。故于求学时代，所务者惟学艺耳，所求者惟意志耳。所谓高尚其身，广益其见闻，锻炼其体格，以备他日之需，盖在此而不在彼也。然或读数本书，则睥睨一世，以为天下事当如此，使我当权，则有不足治者也。其失在夸张。又有随流合污，人云亦云，而己不自主者，其失在附和。至若不忍小忿，而乱大谋，虽曰慷慨捐躯，而与国无补也。其失在暴动。夸张也，附和也，暴动也，皆无意志者也。无意志者无眼光，无眼光者无效果。千古大英雄大豪杰，能建大事业者，无一非由意志而来。独不见乎伍员之报楚，勾践之沼吴乎？存心积虑，久而后成，其创不可谓不巨，其痛不可谓不深，而卒不敢发于一日者，盖意志坚而思想密。与其报仇雪耻，无益于前，孰若饮恨吞声，观效于后，此夫子所谓"三军可以夺帅，匹夫不可以夺志"也。有以夫。

勿馁

我国国性之最与人异，而足贻国之衰弱而不振者，莫怯懦甚也。自昔我国古训，即右文而轻武。衣儒衣，冠儒冠，每临风而踣。守闺门之内，足不敢越三尺之沟，目不敢击纷争之境。至于健步挺身，则曰，彼起起武夫耳，非儒者所当为。而先贤先圣，复加以"身体发肤，受之父母，不敢毁伤"，"好勇斗狠，以危父母，不孝也"诸训，流弊所极，遂至今日之势，奄奄待毙，毫无进取冒险精神。而世人又有以百忍成金唾面自干之语相讥，此岂我族例应受人凌辱，必不可一仰首伸眉以与之抗耶。是诚大惑不解，百思而不得其故者矣。抑有甚者，我国对外屡败，庚子一役，受创尤巨，其后一遇外人，则趑趄不前，其一种怯懦之风，令人一望即愤。纵非全体皆然，而其作如此态者，实复不少。夫馁生于心，而我心苟坦然无愧于人，无怍于己，则其为馁也。又安从生。今观我国之人理直而气不直，以为不如是，则大祸灭身，外侮而愈甚。其亦知人之行骸，为精神之外形耶。精神已怯懦如此，谓曰无精神，亦无不可。既无精神矣，而复存此行躯何为哉。且尝闻之古贤曰："自反而缩，虽千万人吾往矣。""自反而不缩，虽褐宽博，吾不惴焉。"盖气直则壮，气曲则委。推其事之本末，察其理之曲直，而毅然行乎心之所安。头可断而身不可辱，国可亡而志不可忘。此颜杲卿所以耀名千古。而安重根所以为日人振赫者也。能独馁乎？况我国之于世界，版图莫大，人民莫多，而地利尤莫富。外人之欺凌甚矣，不足以扼吾气也；外人之侵削甚矣，不足以亡吾产也。产亡矣，而气卒不能厄，藉曰亡国。国未亡也，矧尚未亡乎？故吾曰勿馁。

既不浮动矣，有意志矣，无馁矣，而尤贵能牺牲者，尽己之力以为国也。当夫海内鼎沸，国际艰难，而能牺牲其身躯，以救国难，而奠民生，为人所不敢为，立人所不敢立，为民请命，为国驱贼，此牺牲之大者矣。强其体躯，富其学力，坚其志，良其心，以提高国民程度，使其学可应世，业足谋生，为社会增幸福，亦牺牲之一道也。去其外诱，存乎天真。在责一日，不使一日旷其事；在校一日，不使一日荒其课。吾人虽不能直接爱国，而间接收无穷之益。独非牺牲耶！且夫今世之强国，其强之者，其民族强也。民族中有牺牲其身以复自由，牺牲其脑以创事物者，始能积年累纪，而成今日灿然可观之伟业，夫岂偶然者耶。是故吾人既爱国矣，既愿我国之无外侮内争矣，舍牺牲其谁与归。

嗟夫！综观国民，号称四万万，而能识一字读一书者十一耳。而此十一中，其老于成见，拘于古经，不知机变者，尚居多数。即知机变而博通矣，而沉于欲利，压于声势，以求苟安者，犹不乏人。甚或泯其天性，丧尽良心，惟己身是谋，家庭是务，无复社会种族之思想。然则其有一线之曙光者，惟在今日之学生乎。学生受教育多，其收效自不与俗人等。但吾观今日之学生，当其求学时，其怀抱非不伟且大也，及其出世，则如两人。此又何也？循此以往，焉知若辈他日应世，其颓神丧志，不更甚于守旧耶！如是，则我国将无兴起之一日乎。不禁叹天产富裕，人性灵敏，数千年之历史，古圣贤之所陶冶，如中国者，一旦为奴隶，为牛马，消我国魂，泯我文籍，以与印人同辙于宇宙间也。诸君忍之乎？不为己身计，独不为我祖若宗计乎！不为他人计，独不为己之子若孙计乎！诸君闻言，有兴起者乎？若然，祈自爱无自弃以待时机，而自建白。此国家之幸，抑亦人类之幸也。有厚望焉。

（《校风》第 100 期，1918 年 6 月）

今日之青年与国家

张若农[①]

嗟夫！今日中国国势之危急不亦甚乎！欧战方急，不遑远略，日本狄焉思逞，起而侵我陵我，恃其强力，蔑视公理。我国之人，甘心忍受，甚至将国家之主权，丧失而不惜。虽有少数爱国之士，奔走呼号，切齿怒目，而卒无如之何。殊不知外患之来，实由内讧。试观我国自革命以后，柄政者多以意见不合，同室操戈，兄弟阋于墙，而不外御其侮，徒知争一己之私利，一时之荣誉，而置国事于不顾。人民涂炭，元气大伤，致负初志，悲莫大焉。孟子曰，祸福无不自己求之者。又曰，夫人必自侮，然后人侮之；国必自伐，然后人自伐之。我国今日之国势，不必怒目切齿，以恨人之侵我陵我，实我国人民自侵自陵，自作之孽，以食今此之报。将自怨之不已，而又何暇恨人乎。夫欲称雄于二十世纪，图存于竞争时代，威振海外，雄播全球，以求独立于世界，邻国莫敢侵犯者，非有共和政体之政府，不可得也。然共和政体之政府所以立，全恃有完全人才之国民。而国民之所以能成完全人才者，则又恃有青年也。盖青年为国家之命脉，国家基础在青年教育。老朽无能，稚子待教，来日大难，国事谁救？国家希望，是在青年。我可敬可爱之青年，于国家之关系，不亦大乎。然青年非生而有才也，教育以造成之，德性以培养之，夫然后则才可为国家用，为社会用，为人民用也。抱爱国之热忱，具尚武之精神，怀大志，裕卓识，青年之天职也。尝胆卧薪，救民保种，服

---

① 张若农，南开学校二年级学生。

四方，安桑梓，青年之责任也。国家多难，大势危急，赖青年以巩固之。中原鼎沸，疆域多叠，赖青年以荡平之。农工商贾，青年当研究而提倡之；海陆兵法，青年当考察而练习之。一国之强弱，视青年之教育；一国之安危，视青年之人才。今日之青年，他日之人才也。今日者，人心涣散，良莠不齐，爱国之说，几为人人之口头禅矣。而其种族思想，国家思想，尽付东流。酣歌漏舟之中，嬉笑焚堂之内，亡国之惨，漠然无所动其心。回首前途，不堪设想。欲求有完全人才之国民，实不数数觏，斯非可悲可哀之现象乎。呜呼！既往之咎，今纵不可复追；来轸方长，尚不知所挽救。观世界之潮流，察将来之大势。知非恃青年，不足以立国；青年非爱国，则难以图存。植今日之本，即树来日之基。故吾所期望于青年者，不在将来，而在目前之今日也。然则今日之青年宜如何？则又有四端，特为我辈青年陈之者，苟能时时书诸绅上，悬之座右，以自勉励，是论者所为昼夜馨香祝祷者也。

（一）敦品

夫青年既为国家社会人民所依恃所希望，故对于国家社会人民，各有当尽之责任，不能偏废其一。尽责之道，首在修身。修身之道首在敦品，敦品实为百行之先。品如不敦，其于他责任乎何有？古来圣贤豪杰，其所以名垂千古，光昭日月者，虽由其功业昭著，然亦敦品有以致之也。是以人不患不为圣贤豪杰，而患身之不修。身不修，即品不敦耳。悲夫！世风浇薄，道德日衰。廉耻道丧之徒，流毒社会，扰害国家，四维不张，何以立国，洪水为灾，犹不是过。祸患所极，有心人宁忍视哉。使吾辈而不为中国之青年，则道德陵夷可也；使吾辈而为中国之青年，则不可视道德沦亡。正道德莫近乎正人心，正人心莫近乎敦品。故曰吾辈青年，不可以不敦品。

（二）励学

由前之说，既知敦品之旨，以对于国家社会人民，各有当尽之责任，然敦品之外，又当以学问辅之。学问之道，贵乎砥砺，未有励学而不得者也。然以无恒者为之，或时作而时辍，或见异而思迁，亦不能得学之益焉。若既励学，而又实习之，则所学者在我，而心亦说于学矣。今之记问之学，无得于心，而所知有限，学术真理，则终于一无所获而已。君子于学，惟日孜孜，犹恐不及，诚以学不可不砥砺而求之也。孔子以天纵之圣，本不学而能，而犹弹〈殚〉夜夙之功，以求数圣贤相承之道者，其得修学之方法乎。嗟夫！二十世纪，一学术昌明时代也。文化日精，科学繁颐，学之无穷，励之无己，乃可有获。若甘自退让即沦入淘汰之列，毫厘千里，稍纵即逝，可不懼哉。

（三）合群

众擎易举，孤掌难鸣。合则强，分则弱。此人心所以贵合群也。合群之道无他，惟在同心协力而已。一家之中，父慈子孝，兄友弟恭，则家庭和睦。一旦有急，则彼此相顾，而家不转危为安者，未之有也。惟国亦然。全体国民，能消除意见，互相联络，则感情必恰，团体必固。全国一心，万众一气，一旦有警，岂有不彼此相保者乎。彼此相保，则国即安矣。譬之方舟中流，遇有风涛，苟同舟之人和衷共济，必能达于彼岸。有断然也。人有恒言曰，百足之虫，至死不僵，所恃者众也。同巢之鸟，同穴之兽，莫不知爱其类。况人为万物之灵，可不知合群乎。呜呼！起视今日之人心，果何如耶？言论庞杂，是非不明，党同伐异。互生畛域，两相水火，宛有不共戴天之仇；势若参商，大有煮豆燃萁之害。对内则勇，对外则怯。国势危急，于今为甚，尚不同仇御侮，是禽兽之不若矣，尚何合群之足云哉。

（四）自立

呜呼！今日何时，非一竞争时代乎！人与人竞，国与国竞，国家之进化罔极，骎骎乎有一日千里之势。欲于今日以增国民竞争心者，其惟自立之说乎。自立者何？不藉他人之力，而屹然自立于世界者也。能自立者，则能自强。不能自立者，俯仰依人，不自居君子，而甘居于小人；不自为丈夫，而甘心为奴隶。智不足以谋生活，能不足以营一业，徒知仰庇父兄，以谋衣食，依附亲戚，以得禄位。一旦父死兄亡，亲戚离散，而彼之衣食禄位，亦随之而澌灭矣，岂不大可悠哉。又有甚于此者，毕生为人作嫁，犹以为未足。复出死力为外人效驰驱，入洋籍，作洋奴，假洋势以压同胞，尤为犬豕不食之败类也。嗟乎！不肖国民乎？生为中国人，即当爱护中国。非我族类，其心必异。兔死狗烹，前车可鉴，尔辈慎勿谓冰山可恃也。

　　论者不敏，力短才薄，有愿未偿，以上所言，良非得己。盖心有所感，意有所激，故不觉其言之痛，而论之切也。今日之青年，苟能就此四端，勉力实践，安知非救时之药石哉。顾亭林先生曰，"国家兴亡，匹夫有责"。愿我青年，其三复之。

（《校风》第 100 期，1918 年 6 月）

学生宜有活泼之精神

陈时

　　茫茫大地，芒芒众生，出万类而性最灵者，莫人若。是天之所以畀人，虽智愚各殊，要其所以存在之精神，未必非自活泼始。在物亦莫不然。鸡豕豢养于人，未及肥腯，而登匕箸。狡兔三其窟，而后逃其死。藩篱之鹦，翱翔鸣集，遂其天而保其性，其活泼之性质，较之鸡豕，岂特蜣蜋之与苏合而已哉。不宁惟是。有人之初，草木榛榛，鹿豕狉狉。斯时也，幸而人知所以自卫。不幸而无此自卫之性质。吾恐弱肉强食，茹毛饮血者，亦与草木同朽。故风雨至，为之宫室以避之；寒暑易，为之衣服以御之。江河之阻，为之舟楫；土地之芜，为之耒耜。害至而为之备，患生而为之防。人类于是乎盛。使际此无活泼精神之圣人，人类几乎熄矣。及有唐而洪水横流，泛滥天下。荡荡怀山襄陵，浩浩滔天，使禹无灵敏之性质，疏河洛导淮泗，顺其流而放之海，则亦望洋而叹其无涯际而已，安得告成功，而锡玄圭哉。降及商周秦汉唐宋元明等朝，其间治乱鼎革，不一而足，要皆彼善于此，智勇相屈伸，得道者存，失道者亡，亘数千载而不易者也。

　　泊乎清末，生存竞争优胜劣败之说，不绝于耳；强食弱肉适者生存之言，不间于篇。文明在乎竞争，精神贵乎活泼，而愚懦顽嚣者，几不能以自存。由此观之，精神活泼之为要素，不綦大呼。此尤上下数千年，纵横几万里之近来现象也。若欲究本溯源，宜自何始，则莫我学生若。盖人灵于物，则思所以其理，不使之徒有天赋，而无人工。且兔亦能逃，其鹦能乐，其天物犹如此，人当何如？现今四邻虎视，列强纷争。较之往昔，岂可以道里计哉。而古也如此，今者又何如。世界万国，进化之争，无时或已。科学之究，几无遗理。而我国为进化之先，今反殿其后，夷狄如此，中国又如何。而学生又人类之特出者，苟萎靡因循不思自奋，垂首气靡而忧游已卒岁，是却步而欲及前人，吾未见其可也。故宜活泼其脑海，不使之浪静无痕；活泼其胸襟，不使之思滞无想；活泼其身体，使之遇事敢为；活泼其理想，使之研精究微。则何患不与列强并峙，而国耻毕雪也。吾侪免旃，实所厚望。

（《校风》第 125 期，1919 年 5 月 12 日）

《南开日刊》发刊词

梦痕

　　风云惨变，中原有板荡之忧；势力横侵，外国兴瓜分之计。际此时也，大丈夫纵不能执戈持戟，为健儿前驱，亦当力尽声嘶，作同胞后盾。乃复首攒眉，空言喋喋，为此儿女子咏红啸绿生涯，静以思之，甚无谓也。虽然人心之受激刺，其初也，如烈火燎原，岸然不可犯；而其终也，则如劫后余灰，荡然而无存。鼓动之法，演说尚矣，然其为声也近，而其入于人心也暂，则不能不藉助于文字。以文字鼓动人心，将见触目惊心，日忧夜虑。居大履者如卧薪，食八珍者如尝胆。虽有敌国外患，亦莫畏矣。然则文字云者，固可等闲视之哉？我校之《校风》报，成立已四年余。臧否之见，人有异同。而其未能达于实用之境界，则吾辈所尽知。且无病呻吟，千篇一律之文字，已为司空所惯见。时局之危险如此，而我报之云迂阔如彼，未见其有济也。且也每周之事，数日后始行刊出。在编辑者，固觉拮据难堪。在阅者反有明日黄花之憾。于是经同学再三商榷，斟酌损益，而《日刊》产出矣。

　　本刊谨正于诸同学曰：鼓吹同胞之爱国心，唤起同胞之敌忾，大声疾呼，以追随于爱国诸青年之后，是本刊之责任也。本刊而不能尽是责，则本刊不能逃其咎也。然而本刊同人之所以兢兢者，能力既薄，时限又促，恐拉杂乖谬，不足以副同学诸君奢望。但责任所在，必搜索枯肠，罄其所有，以贡献于大雅之前，庶几有补于救国之万一。是则敝刊改组之本意也矣。

（《南开日刊》第 1 号，1919 年 5 月 26 日）

学生救国

邹 良 骥

吾甚不解夫今之人皆谓：学生救国！学生救国！津津然道之，殷殷然望之，一若祥麟瑞凤之不世出也者。吁！抑何谬哉。犹有一般不自觉之学生，竟昂然自认，负抱非凡，大有砥柱中流，舍我其谁之概，自诿诿人，不尤可痛乎。谨就浅见所及，敢为我同胞一告。

学生非成人也，一身尚由父兄主之，于家庭社会，无充分之对待，何论于国。救国，成人之责，学生岂能代谋，且学生何所恃而救国乎。外患催迫，执何而御？内乱纷繁，执何而理？武人跋扈，执何而抑？权奸卖国，执何而去？品不能自重，行不能自持，望不能服人，名不能呼众，将孰信之？与孰成之？区区千万分之一，欲负全国之大责，宁非以杯水救车薪之火乎，讵克有济？且也教育为国之大本，中国衰败，端由近几世纪文明之迟滞，致与外洋相接，形而下耳。欲强中国，孰不曰振兴教育，培养人才？则任大责重，系中国前途之希望者，亦学生也。学生之生活，为求学，妨害求学，是学生运命之劫，关系国家前途，至为重要。证之既往，学生而盗跖者有之。虑诸将来，学生而败类者保必无乎？不为根本之计，从事嚣浮之攀，目前荆棘可除，继起豺狼胡禁？深心忧国者，能不为之计。然则我国自五四以来之学潮，非与。曰是何言也。中国人民，不知有国，并不知有己，视亡国如越人视秦人肥瘠，漠然不关痛痒。吾有一譬，如深夜失火，房屋延烧，家人方卧，而幼儿惊啼，大人且迷离抚摩之使睡。夫儿不宜号也，号亦不可救火。然其所以必号者，见其景，出于情，乃有不能已也。一号而家人醒，灾可救，门庭之幸。再号而犹不醒，孺子亦有随之俱为灰烬而已。不亦大可哀哉。中国今日，曾何异于是。抑犹有甚者，每见一般人，翘首企足，而相谓曰，学生可爱，学生可钦，学生能救国，学生能成功。则似其未曾睡也，则似其见学生之惊号之果为何也。然且侧身袖手，冷觑热评，以千钧一发之责，竟诿诸不能自救之孺子者，复何心耶。吾不惧夫外患之交迫，内政之朽败，吾亦不惧夫武人之强横，权奸之阴险，而平民知识之缺，风俗之陋，及生活之苦，道德之弱，实吾之所大惧耳。

学生之行动，非惟不可非之。而促觉中国人知有国家之观念，胥系于此。虽不能救国，而惊醒救国者之沉梦，将恃其力。孺子见灾而不号，为失其天然之官能；家人闻灾而不救，为放弃其生活之原动力。学生于国危而不见，不足以为学生；见国危而不呼，不足以为爱国。见其呼，且大声疾呼，且登高而呼，且攘背狂呼，及力竭声嘶，乃设种种之法以助其呼，以期达其呼醒国人之目的，是犹非孺子可譬也。又能定其神，节其呼，以防生机之损折，更知远近轻重之厉害矣。言曰，求学不忘救国，救国不忘求学。言曰，虽悲壮愤激，而学生之为学生亦苦矣。国人复不鉴其苦心，而昏昏如故，必曰孺子能，孺子能。试问半载余之奔走组织，果皆为学生耶。几次外交之争，内政之变动，果皆为学生所收之效果耶。识者必曰不然，盖学生无一毫对待社会之能力。论国家，为国民者，不自救其国，反而望仰庇于人之孺子救之，其不大谬乎哉。

强国之人，皆自知其国家，与其责任。学生承阴于国家之下，虽有亡国之祸，而无惊骇之虞。犹之房屋延烧，家人清醒，已安置其儿于平安之境，何号呼为？故有兵临城下，而讲诵不辍者。国人自应救其国，学生自应遂其生也。中国何不幸，国人不知国之所以为国。致误认为学生之国。初不知学生实藉护于国，而国人有完全之国，学生无完全之国，学生出学校入社会，方为完全国民。既在学校，是国民之资格犹未完全，其所以呼国人而救者，正以己〈己〉无救国之力，不能尽不得尽国民之责任耳。故为国民者，身亡其国，非特有愧于己，有愧于祖先，亦且有愧于尚未成人之子弟。至学生误认国为己〈己〉之国者，盖或由于热情愤激脱口而出，曰救国，曰救国，世人遂以为学生救国矣，国为学生之国矣。吾上言学生时无完全之国，入社会方有完全之国，非谓国真能完能不完也，不过以其人对于国之关系言之耳。学生于国家有爱情，而无实力。国人于国家有爱情亦有实力。故吾谓学生无完全之国，此虽名词上之分别，而学生误言之，国人误听之。因为国人自觉之一大阻力，加有一二好事之徒，假救国之名行剽窃之计，妄自夸张，阴相剽窃，致国人耳目炫晕不敢正视，是岂学生之本意哉。

愚之意，学生不能救国也。学生促国人自觉，为中国救亡之一线希望。睡狮警醒，魑魅潜遁，皇皇神州，将何所惧。甚愿尽尔能竭尔力，增我同胞以知识，高我同胞以德性，厚我同胞以生计，其克有冀乎！私心弥望之。

（《校风》第 130 期，1919 年 11 月 20 日）

新校风

钱申燕

今日言新者多矣，好新者亦多矣。然究竟何以言新者多？好新者多？岂以言新者多而好新者遂多耶！抑好新者多而言新者遂多耶！吾以为"新"之一字，所以别乎其旧，非有特别意义存在也。非旧即新矣，新无可贵可贱之处也。故吾言新则须言其有可贵之处也，贬其旧则须言其不及之处也。今日者吾辈处潮流澎湃之间，新气蓬勃之际。吾知其于吾校风必有所变也，必有新旧可言也。吾则不暇论其旧而惟祝其新作《新校风》。

一、慎思

慎思所以原万事之理究万物之实也。今日青年之心理，好矜奇好趋异。夫好矜奇与好趋异，皆进步之路也。然不经慎思则徒卤〈鲁〉莽与盲从耳。今如有人曰："女子宜解放。"此言在今后之趋舍，则庶乎有所□□，否则见□影而谓蛇，不免蒙盲从之谓也。故慎思可以□自信之心而益作事之力，此吾所以祝吾校之校风者一。

二、求进

教育所以求进，然求进不必限于教育之门庭也（指学校）。吾谓人生一世，无论何时何地，莫不有求进之机会。譬如行路，目则一树，之影已印入吾脑之细胞内矣；耳闻鸟声，则脑中听觉已感受鸟声矣。异日再见一树，吾知其为树，闻鸟声吾知其为鸟声，是即已得进步之证。然在拙者则虽目击前车已覆，而犹步尘其后也。何况一树之征一声之细耶！此犹对于自由感觉而言。若言行事则亦犹是。作事虽有成功有失败，然皆有进步之路也。譬如持杆逐鼠滑足而跌，则此一跌之经验，已得进一步矣。又苟不滑跌而竟获鼠，则亦必得进一步矣。故吾谓人生一世，无论何时何地，皆有进步之机会也。虽然进步非尽善也，知恶而踵恶，则进恶步矣。见善而趋善，则进善步矣。（此言善恶皆指广义的，不限于道德。下皆同。）故吾先言慎思而后言求进，则庶乎能舍恶步而进善步也。此以祝吾校之校风二。

三、实践

实践为修行之一，见善而不能实践其善，则等于未见其善；见恶而不能摈除其恶，则等于未见其恶。故无实践功夫者，即谓其无慎思之力可也，谓其不得求进之法亦可也。古今人论实践之说甚多，吾亦无庸赘述，惟备此以殿吾慎思与求进二说之后，亦以祝吾校之校风。

右三说以祝吾校之校风，盖即以祝吾校之同学也。欲吾校具此三风，则吾同学必先有此三特性，吾是以策励吾同学，共酿成此新校风焉。

（《校风》第 130 期，1919 年 11 月 20 日）

我们现在怎么做学生？

易世炎

（前略）

总起来说，我们既然是来求学，第一层应问我们为什么要上学堂？我们目的是什么？我们与社会有什么关系？我们怎样预备可以适合环境？我们怎样可以造成有作为的人？一步一步讨论清楚。有了目的，然后定我的态度。用什么方法可以达到我的目的？如此做来，自然可以成有作为的人。有的人说现在做学生，是狠〈很〉难的。又要读书又要救国。要救国就要离开学校，书一定不能读了。只读书不管国家，实在失了国民的责任。二者既不能兼顾，学生是真难做了。如此的想，就是不知道什么是救国道理，不知道救国与求学，是相辅相济的，不是相反相抗的。根本救国，才能算救国。想培养国本，必须有真学识。求如何辅助社会，就可为我们研究学问的资料，增长我们知识。现在若求怎样做学生，当先明白这个时候，与从前有什么不同。从前是兵权时代，现在是和平时代；从前是弱肉强食，现在是民族自决；从前尚服从，现在尚自由；从前是有阶级，现在是人民平等；从前是尊重英雄豪杰，现在是尊重平民。就现在中国说，昔重保守今重维新，昔主张束缚今主张解放。从前的教育是灌输，现在是贵自动。不半年的功夫，杂志比前多几十种，发生了《妇女解放》《文字革命》《经济革命》《平民教育》等学说。社会上渐渐改变了。我们做学生的，也当自觉，随世界的潮流，向前走去。从前的学生，是死的、被动的、保守的、无社会相离的，以个人为单位的，事事依赖人作的，生活是一个沉闷的。现在的学生，要做一个活的、自动的、革新的、与社会相调和。以互助为标准，以劳动为神圣，生活是一个快乐的。明乎此，就知道怎样做学生。总起来说，现在我们要作一个活学生。活学生须有特别的精神、修养和时间经济。

精神

（一）自动的精神。学校是为我们求智识而设的。我们来到学校，是求人给我智识，并非请人管束我拘束我。居主人的地位，当然有自动能力。凡事按自己良心窥度，有背乎德者，当然不作，是我良心上的快乐，并非因学校订了几条规则，我才不敢做。对于功课是为我自己求的，当然我要自动，按我自己良心预备。这门功课有点心得，就是教习给我不及格，也不因之忧虑。无论什么事，按着我自己意思，准乎一定的道理去作，自然不会有错。不能因学校的关系，拘束我的意志，造成一个奴隶。能自动才有快乐！

（二）平民的精神。现在世界上最大问题，就是革除阶级制。人类本是平等。上帝造物，并无贵贱的分别。若说我的智识高，我应当尊贵，试问你若无那些贫民供给你衣食，你怎样能生活？学生大半家中是有资本的，居在学校，最容易养成自尊的态度。我们现在做学生就是要养成平民的精神，衣食不求丰美，扫洒洗缝，都是我们应该做的事。因为劳动神圣，我们当学生时候，先要养成，以后到社会，才能与众人调和，才能生出很大的作用。

（三）改造精神。自五四运动后，我们才知到社会上，人民智识短少，想造成一个完善的国家，必须由根本上改造。我们要想改造，必须唤起国人，使民族觉悟，共负国民的责任，然后收共治的效果。要想唤起国人，我们须从学术上研究，以智识灌入他们。现在我们学生救国，也就是在此成立平民学校，或多写白话的常识，或在课暇演讲。我们现在必须具这一种改造的精神，国家才能够有希望。这就是救国。可以增进我们的识学。那所收的效果，比罢课的效力更大。

（四）进步的精神。中国人的弊病，就是自满。有一艺的长，便自豪了，绝不肯再从前研究。不知人类是个进化的，能进步才能适应环境。

我们当学生，若不随着世界潮流前进，便是废物。譬如从前重的是武功，那俾斯麦、拿破仑、秦皇汉武在历史上都很有名誉。我们若不随着世界潮流进步，仍然崇拜那些偶像，岂不是太荒谬吗？所以我们当学生的时候，内则使我们学艺进步，外则应世界的潮流转进，这两种进步的精神，是现在当学生应注意的。

其余互助的精神，奋斗的精神，创造的精神，都是当学生最要紧的，因为我的时间太少，不能一一详述。

修善〔养〕

（一）德育。这一种实在是学生最要紧的。现在学生只在智识上讲求，看那现在当局，那一个不是受过教育，那一个卖国的行为彰著的，不是他受的教育比人家多。因为智识是产造善恶的母，能持以道德，智识方才有用。道德是由未成人时养成的，如果做学生，就作些伤名的事，将来一定是国家的害吗。所以我们现在当修养我的道德，作成"一芥不苟取"的人。就是在学校品行极高，恐怕到社会也就变了。杜威说"学校就是社会"，我们把社会上种种的恶行为，拿在学校的设法铲除，也就是学生必须与社会上调和。

（二）智育。我们在学校当养成一学者的态度，凡事都要考察询问。那"不耻下问""谦受益"这些话，都是很不错的。在求知识方面是很复杂，可以分几层来说：

（1）重实际。现在中国的学校，科学都是与生活断绝，功课都是纸上空谈。就是实业学校，所学的在实际上也不能应用。所以废科举二十余年，国家受利益甚少。因为改为学校后，科举的形式虽废，而精神确是仍然存在。现在中国教育家，大多数已有醒悟，渐渐的注意实用，这是很好的现象。我们做学生的，自己他〈也〉应当注意。

（2）勿固执。学术是随时势变迁，社会上的状况比从前不同，文字也当然要改变。凡事绝无永久的善，也无永久保存的道理，要以能随时适用的为善。现在有的学生，凡事不考察其良否，有不合己意的，便排斥之，实在是太不自谅。我们求学，当取古今适当的学理，调和为我的智识。虽不可恶旧迎新，也不可唾新迎旧。总是求适应环境的学识，养成适应现在环境的人材，那方才是会求学的学生。我先前也是不喜欢白话文，现在也就改变了。

（3）贵选择。功课虽是我们最要紧的，但其中材料，不都是有用的东西。我们既然为活学生，学这一段功课，当然要问一个"为什么"？有用的，我就把他默记下来，不要紧的，就是先生告我说要考那一段，我也不管他，这才是真真的求学问。

（4）重思想。现在学生多半不知到思想。有的虽是年轻，有的年龄很大，也是同木偶一样。凡事盲从，很容易的问题，都解决不了。思想要不用，终了是不会发达。不会思想，学功课也是很难有成就。思想在我们学生，是必须要的。思想力怎样可以养成？必须懂哲学、论理学和心理学。

（三）体育。身体是作事的根本。现在学校注重少数人运动，这是很不对。我们学生想强健身体，必练习劳动家的生活，并可以服务社会。学堂几点钟体操，是不济是〈事〉的。我们或以步行代劳，或以洒扫洗缝代劳，凡必须身体作的事，能运动筋骨，都算是体育。就是有学问也是罔然。

（《校风》第132期，1919年12月5日；第133期，1919年12月11日）

南开的精神

申又怅

南开精神！南开精神！这四个字，在南开已经成了口头禅了。南开的精神究竟在那里？从什么事件上可以看出南开的精神？难道学生众多，每年可进七八万的学宿费，就算南开精神吗？难道西式的大门，宏敞坚洁的楼房，就算南开的精神吗？难道学生富足，点心零用可以教几个小铺子发了财，就算南开的精神吗？——如果这些可以叫做南开的精神，恐怕南开早已"难开"了！

凡少〈稍〉为明白的人，都知道"学校即是社会，教育即是生活"是现在各国教育界的共同趋向了。那末，我们想在学校里得到美满的生活，我们必定有种种组织和社会里的团体一样。这些组织若好，可以充分的得到自由互助的利益，并适应社会指导社会的能力，是无可疑的。我们观察南开的精神，最好从此处着眼。现在我且用"不灵美，不繁称"的办法，把南开的种种组织及各种事业简单的叙述一下：

（一）课外组织讨论会。这是代表全校学生精神的一个大组织，他的目的是"集思广益，谋全校课外进步"。他的会员是各班班长和各会的会长。他对于学校举动不适宜的地方有抗议，他对于学校措置不及的地方有提议。总而言之，是研究怎样可以达到学生的最完美，最进步的生活的一个组织。

（二）自治励学会。这是一个课外研究学术的团体，内容分文科、科学、经济、美术、演说、图书、交际等部，都按期开会，或自行研究，或请有研究的人讲授，有时还结队到各处参观或考查，以求得到实际的知识。

（三）敬业乐群会。是一种娱乐的组织，以"联络同学的感情"为宗旨。会所里备有各种玩具书籍图书任意玩览，每逢礼拜六或节令的日子，或演些新剧，或玩些杂耍，无非要娱乐同学们的感情罢了。

（四）青年会。这是校中极可注意的一个会，宗旨是"研究基督教之要道，发达德智体三育"。成绩最好，历年校中持躬极严服务极力的分子，差不多都和这会有关系。自去年张纯一先生主讲这会里的道学班后，于基督真义，更有许多阐发，比较一班但讲形式的教堂高得多了。近又本着他们那"服役于人"的主义延请几位教员，专给那些功课稍差的同学补课，更为大家所欢迎。

（五）义塾服务团。南开义塾现在共有三处，第一、第三在学校旁边，第二在河东，学生共有八九十人，都是社会中贫困不能求学的儿童。义塾一切设备书籍以及教员薪金，都由南开的教员和学生按月捐资供给。这个义塾服务团，就是由各班义塾干事组织，做经理义塾事务及劝募捐款种种事情。

（六）教职员礼拜三的会议。每礼拜三的晚上，校长和各教员职员有个会议，一方面讨论各科教授的进程和方法，一方面联络教职员的感情。

（七）教员的分科。南开教员依所教的学科组成国文、英文、自然科学、社会科学四科，每月都要开会，以便研究讨论各科之进行，并于每学期终报告本科各门之成绩。

（八）体育会的革新。南开体育会是办理教员学生一切运动的机关。南开的运动颇为著名，都是这会办事得法的缘故。但以前因各方面的影响，未免稍偏重少数的人，现在以潮流所向，已一变方针，注重多数的普遍运动。听说以前优待运动员的办法，一律取消，可见这会里革新的精神了！

（九）水灾的救护。六年秋季，天津遭大水的时候，南开被淹，危在俄倾，校中无论先生学生校役，都合力负土筑堰搬运什物，各尽其力，有条不紊。所以那次虽十分危险，却并没受极大的损失。那种镇定勇敢坚忍互助的精神，真正令人佩服！学校每年还举行一次水灾纪念，也就是想把这种精神保存到永久的意思。

（十）救国的运动。去年"五四运动"各校都起来活动，南开的人数很多，若没有完善的组织和作事的热诚，一定要流于纷乱偷惰的状态。但他们却分部作工，极有条理，游行演讲，极形踊跃，几乎看不出有一点坏现象。至于今年春季各校的罢课，流弊显然，南开学生踌躇再四，终不忍加入，这是何等定识！

（十一）欧战协济会的捐输。七年协约战胜，中国各界，发起欧战协济会，各地募款，为救济欧美被难的兵士和人民。南开师生除自己量力捐助外，又特演剧募捐，共计大洋两千余元，这也是南开学校在世界上尽了他一分人道的义务呵！

（十二）红十字会的服役。今年七月间，曹段交哄，死伤甚多，熊秉三夫人发起红十字会，南开暑假留校的同学，加入二三十人，分向杨村廊坊等处，从事救护，成绩很好。这不但是慈善举动，并且增加他们许多经历。

（十三）饥民的赈恤。今年北方大旱，饥民四出求食，南开西面的空地上，住了三千余人。虽然南开师生能力薄弱，不能作普及的赈济，但这三千多人，必须设法拯救。所以南开师生也有捐钱的也有捐衣服的，那些饥民虽然很难得到相当的饱暖，也可以免于十分冻馁了！

（十四）冬季通俗讲演。每年冬季南开学生组织讲演团体，分队出发，讲些浅近而必需的知识。

（十五）毕业同学会。一般的现状，都是学生毕业出去，简直同母校断绝关系。南开却不是这样。不但平常时候消息来往，并且还有个毕业同学会的组织，他不但联络毕业同学的感情，并且帮助学校的进步。

（十六）各处的南开团体。毕业后升学的同学，除在母校有毕业同学会外，还在各处组织南开的团体，如美国、日本、英国、法国、清华、唐山、北大、北洋、沪宁等处都有南开同学会的组织，这是他们把南开的精神带到别处去的证明。

（十七）东北的南开。南开毕业生韩子扬君，在吉林办了个毓文中学，一切编制教授，都仿照南开的样子，成绩也很好。南开的精神，在东北居然得了具体的表现，也算最难得的呵！

从以上所述十七条看来，我们可以知道南开无论先生学生都极有组织，他们的生活里，充满了快乐活泼热诚奋斗的精神，从事于各方面创造的活动，使个人、学校、社会各方面，都有发展和裨益，并且还有许多事体，可以把这种精神传播到别处去。

但是世界上无论什么事物的生长，都有他一定的历程和原因，有人看了前面的事实，必定要发问道："南开学校这种精神，到底是从那里来的？他的原因怎样？他的历程怎样？"于是我就不得不细说一说：

（一）是由于师生间关系的切近：中国自来受了形式的伦常主义的毒，师生中间，彷佛有了一层隔膜似的。近年虽然改成学校制度，这种弊病，仍不有减，或者有时还更疏远得利〈厉〉害。教员学生两方面，都把学业看作敷衍应酬的事情，这不是教育界的危险吗？南开的现状，却不如此，他的教员学生在讲堂里固然很亲密，在平时更有许多接触。彼此的利害情感，都能了解融洽，所以可以打成一片。

（二）由于教授及管理上的自由：教育注重发展各人的个性，早成教育家的信条。而且学生在中学时代正是个性发展的时候，若用严密的条件拂制他们约束他们，结果必造成许多机械式奴隶式的学生，那还成什么教育？南开在教授管理各方面，极重自由，令学生能用他自己的思想能力，去解决各种问题，所以得了许多成绩，许多贡献。

（三）十六年校风之培养：诸位晓得以上两条，是南开精神的原动力了，但在这后边还有个极重要的点，就是南开的性质是私立的，南开的历史是一步一步慢慢长来的。因为他是私立的，所以一切办法，都不受何种牵制，时时创新，时时变动，不绝的前进，务求适应学生之环境和时势的需要。因为是一步一步慢慢长来的，所以各个分子都知道他的缔造艰难，没有不极力爱护的，没有不负责往的，没有不互相亲密、互相了解的。他们个个人都以学校进步为前提，也无怪有这样的结果了！

　　"南开的精神是什么？""从什么事件上可以看出南开的精神？"看了以上所记，大概可以了然了。现在再把他结束起来就是：

　　南开学校，因为他的性质和历史的关系，能以自由互助的精神，发为种种极有条理的组织，从这些组织里，可以充分的发展各人的能力，促进学校进步，适应社会需要，而为创新不息的生长。

（《校风》第十六周年纪念号，1920 年 10 月）

南开学校二十周年纪念之真意义

曲有诚

（前略）

假设有人问我们为什么庆祝南开的廿周年纪念，诸位必定说南开有可庆祝的价值。试问南开的可庆祝的价值，是因为他有廿年的历史，百余教职员，一千六百学生，无数的建设么！诸位必定说不是的。他的可庆祝的价值，是他的精神；但是他的精神，是南开学校四个字么！以我的眼光看来，他的精神就是张校长伯苓的精神。我们说庆祝南开是因为他的精神有可庆祝的价值，现在我可以说我们庆祝南开，就是庆祝张校长；因为他的精神有可庆祝的价值。我所说的庆祝张校长的精神，纯是着诸位思念校长创办南开的精神，希望我们能用他那一种精神。去改造国家，服务社会，以尽国民之天职，这是庆祝南开廿周年纪念之真义意，也是我作此文的目的！

南开所以能经过许多的困难，活到廿岁，享受我们的庆祝，全赖张校长奋斗的，向上的，进取的，不屈不挠的精神，为他战胜困难；不然，我恐怕南开活不到廿岁；就活到廿岁，我恐怕也没有这许多人去庆祝他。由此以观，我们庆祝南开廿周年纪念，我们就可以想起了张校长奋斗的，向上的，进取的，不屈不挠的精神；我们想起了张校长的这一种精神，我们就不可不希望我们自己也用这一种精神去改造国家服务社会，以尽国民之天职。

我们将来的职业，不外乎士农工商，假设我们将来为工为农为商，没有张校长创办南开那一种精神，我恐怕我们不能够工人农人商人的资格，那里还能盼望货物的精巧，五谷丰登，一本万利呢！我们为工为农为商，既然该有张校长那一种精神，那么我们将来处身于教育界，更不可不有张校长那一种精神了！

诸位若说从古来到现在中外人士的创造的精神胜于张校长的不知有多少，你何必竭力赞扬张校长呢？我们读书是求学问得知识，学问愈大，知识愈富，那么我们辨别是非的能力就愈大。从古来到现在，何人可作我们的模范，何人不可作我们的模范，我们自然有成竹在胸，知所选择了。如果我们不因为南开的精神而来南开，只因南开的教师多，学生多，房舍多，课程多而来南开，这就误会了来南开的目的。我们来南开的最大的目的，是想着得南开的精神。南开的精神，我已经说过了，就是张校长奋斗的向上的进取的不屈不挠的精神。我们抱这个目的而来南开，所以我们平日的精神，就是南开精神。今天逢着庆祝南开廿周年纪念，所以我把庆祝的真义意写出来，这并非竭力赞扬张校长，而不崇拜胜于张校长的。张校长的精神，既为我所愿有的，则胜于张校长的精神，更为我所愿有的了。

许多人说南开活到现在，实非张校长一人之力，请看民六的水灾，校长远在美国，若无抢护得法之诸位师生，恐怕南开不能存立到现在，不能过他的廿岁的生日。这话固然有理，但仔细一想，设张校长不能知人善任，恐怕南开早就糟了，不必等到民六。因为他有亲君子远小人的精神，所以能履险如夷，安安稳稳的把难关度过，使他得享受廿周年纪念的庆祝。

无论古今中外的伟人所作的事，未必都能满人意，即能满多数人之意，也未必能满少数人之意，所以无论如何伟大的人物，作成如何伟大的事业，终不免被人侮蔑毁谤，所以孔孟不得志于春秋战国，被一部份人民反对。张校长既无孔孟之学识，复乏林肯之魄力，那么更不能不被人侮蔑毁谤。我们试将社会上的少数人，用以侮蔑毁谤张校长的地方取来解释一番，我恐怕全是杜撰的谣言，不值君子一笑。

有人说张伯苓办南开是沽名钓誉，我们若问他怎样能见出张校长是沽名钓誉呢？是因为张校长创立南开中学部大学部女子中学部么？是因为张校长立家以淡泊为本，不图功名富贵么？我想这都不是张校长的短处，实在是张校长的长处。这一句话不特不能减少张校长的名誉，实在能增加对于张校长的信仰。如果中国的人民，都能办南开这样一个学校，中国的教育还怕不发达么？中国的教育家都能不爱钱，以淡泊立家，中国的官吏，还能搜刮民财么？如果教育发达，官吏清廉，中国能不富强么？中国的人民既然少有能创办南开这样学校的官吏，也不能不爱财。惟独张校长能创立南开，甘居淡泊，这不能不说张校长是特出的人物罢！

有人说张伯苓办南开纯用狡猾的手腕，所以对于董事教职员学生，一概用狡猾的手腕。这句话更是不攻自破。说这话的诸位，用狡猾的手腕向人募款，请人作董事，可以不可以呢？别人能给他钱么？别人能给他作董事么？凡捐款给南开的为南开的，董事的，都因为张校长有办事的精神能力，如若不然，南开的董事既是名人，怎么能被张校长之狡猾手腕所蒙蔽呢？南开的教职员及学生，都是受过中等教育的，或方受中等教育的，他们的知识学问，并不很糟，他们辨别是非的能力，并不很弱，怎么能被张校长的狡猾手腕所笼络呢？年来中国各处的学潮就象风起云涌一般，大部分的学潮，是因为校长而发生，南开创办到现在，已经有廿年之久，毕业同未毕业的学生，不下万人，怎么都被张校长的狡猾手腕笼络住了呢？如果狡猾手腕可以笼络住这许多的教职员学生，就请说这话的先生来试一试看，看他的结果怎么样。我以为我们纯被张校长的精神所制服，并非被他的狡猾的手腕所笼络。

我把我的话总起来说我们庆祝南开廿周年纪念的真义意，是思念张校长创办南开奋斗的向上的进取的不屈不挠的精神，希望我们同学能得着他那种精神，去改造国家，服务社会，以尽国民之天职。我们将来为工为农为商不能不具张校长那一种精神，处身教育界，更不能不具张校长那一种精神。我们既欲得南开精神，所以我们平日间的精神，也是南开精神。不过藉庆祝南开廿周年纪念的机会，更鼓励起我们思念及希望张校长的精神，既为我们所愿得的，胜于张校长的精神的，更是我们所钦仰而愿得的。我们能用张校长的精神去作事，我们就可以得着社会上的赞助。患难之来，校长不在我目前，诸同人可以安安稳稳的渡过去。欢迎我们的人，固然可以为我们出力，侮蔑毁谤我们的人，也不能有所藉口。就杜撰谣言，也不能于我们怎么样，还能增高我们的人格。诸位如能实行我言，那么就得着了庆祝南开廿周年纪念的真义意，也就不负我作此文的苦心了。

（《南开周刊》南开学校二十周年纪念号，1924 年 10 月 17 日）

奋斗即是生活的方法①

张伯苓

奋斗即是快乐，或者说奋斗即是生活的方法。

当时在座的出校同学，都是已经脱离学校，在社会上寻生活的。他们既然在各界任事，顺逆也有不同，但是，假若一遇到逆意困难的事就精神颓丧，不高兴，那么，作事的能力也就一天一天减少，生活还有什么趣味。所以我对他们说："处世要有奋斗精神，要抱乐观态度。失败了，再继续着奋斗。我们并不是决一死战，一次失败，就永远失败了，没有进取的机会。我们应当仍然向前干去，努力，奋斗。即使偶尔侥幸胜了，也不要以此自骄自满，仍然本着奋斗的精神，向前途努力。但是还有一样很紧要的，就是抱乐观态度，不要对于生活和环境发生厌倦。比如你家庭中天天见面的陈设，年年如此，丝毫不改，久后就怕生厌了。那么你何不将陈设的地位改换一下，或者加些油漆，不也就焕然一新了么。讲个笑话吧，诸位结婚都已多年了，假如对于诸位的夫人感着太熟习，太平凡了，那么，何不给她做件新的衣服穿穿，不也就换了个样儿么。人的生活能够永新，他的精神也就永新，而他对于奋斗，也就自然感着兴趣了。"

我这番话，你们也许不懂，这因为你们还年青，还没有经验。在京的出校同学，大多都是四十岁内外了，他们踏进社会已有十几二十年，并且现在都有职业，也经过些艰难困苦。我看他们都能了解我的意旨。

---

① 本文是张伯苓在南开学校高中集会上的讲演，由张志基笔录，第一段略述。

他们在校的时候，我也曾和你们现在谈话一样和他们谈话，这次不过是在他们在人生的旅程的中途，我再提醒他们一句罢了。你们将来也是要走向人生的大道上去的，那么我何不现在就告诉你们，保持着你们的生活，使它永新；保持着你们的精神，使它永新；本着这个永新的精神，来应付这人生一切的问题呢？

我总以为，世界上的一切是人创造的。我们的生活是创造的生活。我们应该本着奋斗的精神，创造一切，解决一切。能够如此，你才能对于生活发生兴味。否则，虽然你年龄幼稚，而你的精神却已衰老了。我们更不应该对于现在感着满足，因为我们生活的目的是奋斗，不是成功；是长进，不是满足。我们能说，我们只要长进到某一地位，奋斗到某一步骤就行吗？我小时候曾见一富家子弟，那时他已二十多岁了，染了吸鸦片的嗜好，每天睡到下午五时才起身，冬天披了重裘还嫌冷。这种生活岂不是受罪吗？那来的快乐！我们那时批评他是没福享受。现在看来，原是他自己不能奋斗。而考察他不能奋斗的原因，却是他家富有，他对于当时的生活已感着满足，不想再上进。如此看来，多财的确是消磨青年人志气的大原因。青年志气一消磨，对于生活觉不出兴趣，事事都觉着呆板、单调，对于年年的花发，日夕的风雨，都怀着厌倦，那生活着又有什么意义呢？其实，生活是那么无意义吗？是那么困难而枯燥吗？那却不然，只是他自己的没有志气，精神颓丧罢了。

那么，怎么可以使我们感着生活的兴趣呢？唯一的答案，就是奋斗！我们须放大眼光，勿对于一己的利害患得患失。我们应做有益于群众的事业，侥幸胜了，不足为喜，因为我们的目的只在一辈子的奋斗，而不在一时的胜利。假如败了，也不要失望，因为失望能使你精神颓丧，减少你奋进的勇气。有人批评我是苦命的牛，要拖一辈子的车。不错，让我拖一辈子的车，这就是我的希望，这就是我生活的目的。

近百年来，科学发达，知道人类是逐渐演进的。那么，我们的生活，当然要永远向前进步。我们应该认定：不断地长进，是我们生活的目的；

永远地奋斗，是我们生活的方法。我们绝对不能固步自封，安于现状。我们须本着奋斗的精神，采取乐观的态度，从事于我们的创造的生活。

（《南开周刊》121 期，1925 年 5 月 4 日）

What China Can Do?[①]

1. 弁言

处此政潮澎湃，危急存亡之秋，而能砥柱中流，不受其影响者，其惟南开之中学与大学乎？该校创始守成，备极完善，其结果焉得不佳！故如该校之遗世独立，精神道德，各臻其美者，予实未之前闻也。

南开虽密迩京津，红尘十丈，但其中别有洞天，可谓极乐之地。追溯其源，不过二十年前，三数人志存救国，欲藉教育以贯彻其主张，因而成立耳。初仅数十人，寄住于严宅，不意一跃而为全国最高学府之一，洵可佩也。大、中三部男女学生，约计二千一百有奇，栋宇毗连，指不胜屈，各部设备，既新且完。其进步与时俱增，不逾常轨。

2. 南开之团结

曩者余所参观各学校之开幕式，数不在少，而给予印象最深者，莫南开若。各校之创始，亦未尝不善也，当开幕之际，礼节繁隆；奏乐也，演讲也，照相也，茶点也……项目甚多，各极其妙；胜友如云，高朋满座；声驰中外，美尽东南。不久而问其进行状况如何，则曰因经费困难，已行停办矣！但南开则不然，不重虚礼而重实行，师生合作，群众一心，皆以团结为自誓，无稍涣散之心。张博士勤奋于前，阖校追随于后。博士常曰："余若无强有力之同人，则弗能成此大功。"同人亦曰："余等如无张校长，则犹蛇之失头，其何以行？"该校环境安适，生活优美，诚

---

① 本文为 Stephana horose 作，张克明译。正文后附译者后记，题为"十五，十一，十七日译于四斋"。正文如下：凡团体及个人之改善，固纯仗其自身，然旁观者之评判，亦不可少。盖当局者迷，旁观者清故也。吾校自成立以来，凡批评其善恶者，颇不乏人。言吾之过者，力自警惕；言吾之善者，更加鼓励，此正吾校藉社会舆论而改良增善之一良机也。阅本月十三日《华北明星》，得见本篇，快读之余，爰移译之，更披露本期周刊，使同学明了外人对于吾校之评论，以为明鉴。再者，该篇题目，译出反觉无味，改之又失其真，故就原题，不加改译。余文笔浅陋，弗克尽达愿意；又因时间仓卒，未能详改，阅者谅之。

令人艳羡不已也。

3. 南开之精神

南开师生之精神与北京及其他各地者,亦大相悬远。凡教员入南开者,皆自知其责任。牺牲其全付精神,以达其教育之目的。专授一校而不兼差。虽薪俸不多而皆自足。约计每月自五十元至二百元不等。即校长之薪金,亦与教员之数相若。故聚首一堂,其喜融融,各谋进步,洵足乐也。

至北京及其他各地者,则大异于是。教员以各校欠薪之故,遂身兼任数校之讲席,其薪金数目虽甚高,而所得实惠,究为有限。终日孜孜,讨论索薪之法。阁员之宅,门限为穿。此外更结党营私,以谋自图。彼等既忙忙碌碌于他事,安有暇致力于讲授乎?

4. 南开之校长

各校校长,不及张博士远甚。彼辈薪金,例占全校之第一席。其位置动摇不定,朝不保夕。终日遍观风色,以定趋承。惟知献媚各方,而对于其真正目的,早已束之高阁矣。

南开校长之继续精神及其远大之眼光,不矜既往,不惮艰难,真为近日教育界中之绝无而仅有者也,故该校自校长以迄学生,鉴创始之不易,众力一心,同舟共济,皆敢预操胜券于将来。而博士人格高尚,言行相符,诚不可多得之人才也。

5. 南开之职教员

余从未闻中国人成大功,立大业而不藉外人之援助者;不为铺张过甚,则只顾一时而暗于将来。求其适中合宜者,实未曾有之,自南开始。该校除大学建筑之一部分,得罗氏基金团之捐款外,其余莫不皆自华人本身着手。

职教员二百余,除有二美籍教员外,皆为华人。财政公开,成绩展览,一任社会人士参观。各种设施,无过不及。中国有若是一完善学校,亦足以自豪矣!

(《南中周刊》第 12 期,1926 年 11 月 24 日)

说校风

何廉

　　昔曾文正谓风尚之转移，系乎一二人之心之所向。一二人之心向义，则众人与之赴义；一二人之心向利，则众人与之赴利。迨至赴之者众，遂蒸为风尚而不可变。此长育人材者，所以致谨于是也。东汉之初，士相尚以经术，而重廉耻敦气节之风甚盛。宋时廉洛诸子，以性理相倡，而端品性守道义之风特高。有清初叶，博学之士，恐蹈文字之祸，遂相率以从事于考据，结果考据之学，大行于时。后桐城姚鼐，以古文倡，梅伯言管异之之徒，从而广之，于是学风又为之一变。故风尚之来，必有其特异之点。始乎一二人，而成于众慕，始乎微而终乎不可遏者也。

　　一国之风尚，必矫然异于他国，一校之校风，亦何独不然。当宋之时，胡安定长大学，学子之诚明者达，昏愚者励，顽愎者革。故人之见之者，不问而知为胡氏弟子也。即今海外各大学，如美之哈佛耶鲁，英之牛津剑桥，亦皆有其特异之校风。肄业其中者，卵育熏陶，潜移默化，观其行动举止之间，即知其为哈佛耶鲁牛津剑桥之学生矣。盖学校为学生所集成，则学生之趋向好尚气质德操之所表现，即校风也。今有一校于此，其学生优游度日，不务精其业，其校风之偷惰可知已。几壁污秽，废物满地，更阑漏尽，叫啸喧号，则其校风之杂乱可知矣。校风既颓，则承学之子，沉溺而不自觉，欲人才之振兴，其可得乎。南开自成立以来，廿有三载，日新月异，以有今日。曩时之寥寥十人，今且一千余人；异时仅男中一部，今则分男中女中大学三部；曩日之设备不完，今且日臻完善。察其进步之程序，亦足以推知其校风之大概矣。

　　风尚非一成不变者也。社会进化，无时稍止，而风尚亦随之变迁而不息。南开健全之校风，养成以渐有足多者，学生多志于学，而无嚣张之气，奢侈之习，此南开之校风也；老成持重，具有自治之精神，作事负责，而无推诿之陋习，此又南开之校风也。唯其校风如是，故毕业学生，服务社会者，多能得社会上之欢心，而无轻浮败事之举。夫教育为造就人材之工具，造就人材即所以供给社会之需要。使所造成者不足以为社会之用，则与教育之目的，大径庭矣。尝见吾国学生，其在校也，辄变其醇朴务实之性，而趋于虚夸自炫之途，任口雌黄，拘虚自封。勤恪读书，则目为笨滞；持已〈己〉谨严，则讥为颓唐。学风之圮颓如是，毋怪其一出校门，毫无进展，神志昏于醉饱，职务废于丛脞也。

　　然则南开学生，保有此固有之学风，遂可以划然自足乎？曰：是不然。天下之事，不进则退，水滞则腐，为理甚明。已有之校风，固宜保存，未来之习尚，尤当培养。吾国民性，醇朴耐劳，著自古昔。为学之士，大率穷年兀兀，竭日夜之力以从事。谈性理者，析入毫芒；精考据者，动千万言。不以艰难困苦，阻其迈往之气；不以荣辱得失，易其坚决之志，故能穷尽事理，卓然而有成。荀子曰："古之学者为已〈己〉，今之学者为人。"又曰："君子之学也，以美其身；小人之学也，以为禽犊。"夫学而为已〈己〉，以美其身，是以学问为目的，而不以学问为手段也。处今日学术昌明之士，吾辈读书，（一）当本科学之精神，作彻底之研究。既不鲁莽了事，又不囿于成见，由一已〈己〉探讨思索之所得，深信不疑，渐渐变为信仰。迨至成信仰之后，则一生趋向之目标既定。目标定矣，权利不能倾，得失不能荡，外界之"主义""学说"不能移。于是而谈建树，则甚易易，尚何至临政茫然，视人之马首为转移哉。今日吾国中置身政途者，大率中无主见，以故朝令夕改，举措无方，虚糜金钱，毫无建白。（二）研究学科之时，当以学校为练习之场。夫知之而不能自为，与不知同；为之而不能奏功，与不为同。苟能以吾经验，补吾学识之不及，以吾学识，济吾经验之穷，则所学者为有用之才学，不致有食而不化之祸。且练习之时，必有组织，则服务合作之精神，养成于不知不觉之中，他日入社会，展其所学，殆若驾轻车就熟道矣。

以上二者，为吾简陋之见，倘得自今以后，蔚成为本校之风尚，则他日人材辈出，其庶几乎！顾炎武曰："国家兴亡，匹夫有责。"洗举世浮夸之习，殚精力于学业，深其造诣，以为国家用，亦即救国之一法也。

（《南开大学周刊》第 40 期，1927 年 10 月 17 日）

张伯苓先生的精神

荣选

张伯苓先生从事教育事业，垂三十年：由私塾而中学，而大学，而女子中学。生徒由数人增至二千。进步之速，成绩之优，诚有出人意表者。考其因由，并非偶然。举凡其所以成功之处，俱表先生之无限精神。

张先生向来主张人格教育。其己身一言一行即莫不可为青年模范。办学尤主公开：校款出入，按月公布，清晰可查。为提倡运动之故，曾自己到运动场练习运动。为禁止学生吸纸烟之故，曾自己先行戒除。至于其生活澹泊，处人接物之有方，在旧社会中不失为道德之士。而求知之心与日俱进，同时又为思想界之先趋。事迹彰然，可以复按。

先生毅力坚强，有奋斗到底的精神。办学程序中，经过困难多端，唯赖此种精神胜过之。就中以校款而论：先生时时刻刻俱受压迫。民元正月十四日津埠遭变，校款来源绝路。校中教职员断炊者久之。然南开未致停闭。

于民国初年先生曾试办师范专科，未料受外力压迫而失败。此事在先生生活史上不无重大意味。吾人谓当年之师范专科即今日之南开大学之胚胎，其中确有充分之理由。此后大难之来无时或已，亦未尝一日稍杀。曰教、曰养之方务求日新月异，期与世界潮流驰驱，先后赴欧美、日本考察教育凡数次，每次俱有所得。南开之有今日，实利赖之。在美国曾有关于教育问题之讲演数万言，深得彼邦人士称许，圣约翰大学因授予先生博士之荣誉。而先生进取之心未尝一日终止，常以"天行健，君子以自强不息"勉己，励人。

张先生言行种种俱足以表现其为笃信教育救国者，在办教育途径中无论受何打击，决不灰心。惟自五四而后，学子思想极涉浮动，使先生不能不痛心者凡数次，而终亦不因此而引去，足以征其毅力之坚强。待学生态度始终如一，从未以其愚顽而弃之。虽个人有所询问，亦必谆谆善告。问题不论大小涉及学生者，必令得正当解决而后已。

我国自鸦片战后，一蹶不振。先生多方探求失败原因，使先生最注意者，为中国缺少所谓"现代国民"。救济方法非教育不为功。所见既高，取舍自殊。盖先生当年曾受教于水师营，果由此途展进，不愁不早期腾达。不求富贵，不图苟安，而乐负救国重大责任，是又先生高尚人格之明显表示矣。

呜呼！中国今日除二三有心人之事业外又何教育之可言！吉林差可人意，亦未貌神俱是。吾人于先生之来，是"闻足声跫然而喜"矣。

（《毓文周刊》号外"欢迎张伯苓先生"，1928 年 4 月 23 日）

南开大学发展方案①

（一）发展方针之由来。南开之演化，实吾国革新运动历史之缩影。南开发展之程序，在均反映吾国革新运动之变迁，兹简略述之，以释南开发展之背景。

南开之创办与中国之革新，同以甲午之败为动机。甲午以后，旧日吾人所鄙视之倭寇，一跃而为吾人革新之模范。东渡留学，遂成一时之潮流。本校创办同人每有日本之游，严范老与张校长自东归后，南开之学制即参有日本风味。此南开演化之第一阶程，亦中国革新史之第一章也。

日本之方法来自西洋。仿效日本不若直师西洋。本此觉悟，国人渐有弃日本而取西洋为革新模范之趋势。南开当局，受时潮之激动，亦有欧美之游，于是南开学制，又加欧美色彩矣。此南开演化之第二阶程，亦中国革新之第二章也。

但中国自有其天然特别环境，与夫传统特别文明，适于彼者，未见适于此。外人之法制能资吾人之借镜，不能当吾人之模范。革新运动必须"土货"化，而后能有充分之贡献。此中国革新运动应有之新精神，亦南开大学发展之根本方针也。

（二）何为土货的南开。已往大学之教育，半"洋货"也。学制来自西洋，教授多数系西洋留学生；教科书非洋文原本即英文译本，最优者亦不过参合数洋文书而编辑之土造洋货。大学学术，恒以西洋历史和西洋社会为背景。全校精神，几以解决西洋问题为目标。就社会科学论之，

---

① 南开大学募款委员会计划书之一部分，1928 年。

此种弊端，可不言而知。社会科学，根本必以某具体社会为背景，无所谓古今中外通用之原则。倘以纯粹洋货的社会科学为中国大学之教材，无心求学者，徒奉行故事，凑积学分，图毕业而已；有心求学者，则往往为抽象的定义或原则所迷，而置中国之历史与社会于不顾。自然科学稍异，然亦不能谓洋货均能适用，更不宜谓中国应永久仰给于洋货。地理、地质、气候、生物诸学无不对环境而立。中国人欲利用中国之天然环境，非有土产的科学不为功。此就科学之实用而言。但实用科学，倘无锐进的理论科学为后盾，其结果不异堵源而求流；且今日国人思想之急需，莫过于科学精神与方法，故吾人可断定，中国大学教育，目前之要务即"土货化"。吾人更可断定，土货化必须从学术独立入手。

是故"土货化"者，非所谓东方精神文化，乃关于中国问题之科学知识，乃至中国问题之科学人才。吾人为新南开所抱之志愿，不外"知中国""服务中国"二语。吾人所谓土货的南开，即以中国历史、中国社会为学术背景，以解决中国问题为教育目标的大学。

（三）新方针实行之方案。中国学术所以不能独立者，非中国无可研究之问题或材料。论书籍，则吾国几千年来学者之著作及政府之编辑，不谓不多。论社会状况，则吾国乡村之自治，城市之同行公会，新工业之影响，人口问题，殖边问题，家庭问题等等，均有其特色，足供学者之研究。论自然界，吾国地藏地产之利用，河流之开导，气候之测量诸问题，均待科学家之考察。故中国学术之不能独立，不在材料之缺乏，而根本由于教育机关经费之短绌。

南开大学近数年来，在可能之范围内，已竭力提倡研究。教授有减少授课钟点，以便研究者，学生有以研究代听讲者。以南开之经济，此种努力不异杯水车薪，然南开犹决心于发展者，诚以中国大学若不努力于研究事业，则中国学术永无土货化之时期，正如商界欲从国货代洋货，则不能不提倡制造也。兹后惟有一面力图研究效率之增进，而一面恳求校友及爱国志士之协助。

南开研究之范围，即社会科学与自然科学。此范围犹嫌太泛，故定三项标准以求实效：（一）各种研究，必以一具体的问题为主；（二）此问题必须为现实社会所急待解决者;(三)此问题必须适宜于南开之地位。

南开大学将来之发展，即不外上文所定之方针与范围。举凡教材、设备、学制，皆以此为指归，经费充足，则循此以为尽量之发展；即经费拮据，亦当努力以"认识中国""服务中国"为鹄的也。

（《南开大学周刊》第 60 期，1928 年 5 月 3 日）

鼓励运动上仁侠之精神

本校提倡比赛运动的目的有四：

1. 发达身体，增进个人的健康，使之能达到最高的限度；

2. 练习肌肉与神经系密切的和谐，养成敏捷适应环境的能力，与准确的动作合〈和〉技能；

3. 使学生实验社会的伦理，练习与友伴的合作及社会的联合，满足游戏本能的需要；

4. 锻炼学生的品格，以养成其自守节制，合〈和〉光明磊落的精神。

运动员在一切运动上应表现仁侠的精神（Sportsmanship），就是作一种运动，乃是为身体合〈和〉心灵的娱快，并增进团体的利益，并无丝毫别的目的，存乎其间。仁侠运动员的精神，是包括一种高尚义侠的精神，诚实公平的态度，乃有礼貌，有耐心，有谦逊，有节制的生活。

（《天津南开学校中学部一览》，1929 年 10 月 17 日，第 217—218 页）

南开教育之要旨及实验之趋向

  南开学校成立之日，正当甲午败衅之后，设学生主旨，"教育救国"。盖欲挽救中国民族之衰颓，国家之危亡，舍造成具有"现代能力"之青年，使负建设新中国之责任，其道末由。顾教育思潮，既日趋新颖，国内政情，亦大异畴昔。为谋适应国情及社会需要起见，教育方针及实施办法，更有明白确定之必要。孙中山先生有言，"三民主义即救国主义"。本校目的，既在"救国"，则实行三民主义之教育，使三民主义之精神，融化于一切教科及活动之中，当为本校今后实施教育之标的。

  但欲达到此目的，其方法果何若乎？曰：实施"开辟经验"的教育以促成中国"现代化"而已。易言之，即在学校中造成环境，使学生多得"开辟经验"的锻炼，以养成其"现代能力"而已。请申论之。

  当中古之世，彼皙种人或蒙昧未开，或文化卑下，较之他色民族，未必多优。迄乎近世，进步迅速，一日千里，以造成现代文化者，实环境使然，即"开辟的经验"有以致之。"开辟经验"者，现代文化之出发点也。

  现代化特色有二：一为科学方法，一为民治精神，而二者之原动力，则"开辟经验"也。考西人在三四百年前，无所谓"科学方法"与"民治精神"。自十五世纪哥伦布氏首次发现新大陆以来，种种新活动，如所谓法国革命，科学发明，工业革命，莫不相继产生。缘是，西人各方面生活遂顿呈剧大之变动，现代文化遂亦因此而灿然怒放其花。如河流然，其始也仅泛流平地，初无何种奇景也，及其流临悬崖，陡然下降，成一大瀑布，遂迅流急湍，滔滔滚滚，一泻千里，呈一空前之伟观焉。故知现代文化实由于"开辟的经验"。现代文化之结晶物，如所谓"科学方法"

与"民治精神"实为"开辟的经验"所产生。今式略述"开辟的经验"与此二者之关系。

一、"开辟的经验"与"科学方法"

科学方法之主要条件，不外"假定""观察""比较""证明"等项。人若足不出户，终日块坐斗室，则所见者小，心胸自窄。若浪迹天涯，行万里路，其所见闻者，形形色色，无一非昔所未稔，为好奇心所驱使，即从事于观察，致力于比较。考之西洋史，中古之世，耶教缚人性灵，终日冥修古刹，见自然伟景，不敢仰视，以为罪恶。及文艺复兴，人皆尽力发展个性，遂打开一切桎梏，天空海阔，任我飞翔，于是自然精神之锁遂启，数千年幽闭不发之精光遂灿然照耀。"开辟的经验"可使吾人观察，比较之范围扩大，此其明征也。见闻窄则固执，眼界阔则心虚。古人常谓："不出户知天下事。"又曰："闭户造车，出门合辙。"意谓举世一切，可于故纸堆中少加努力亦可知之，且不误焉。此在诸百建设皆已固定时言之，可也。若乃情形陡变，万事新奇，无论其真其伪，为信为疑，皆非遍搜证据，详为研索，不能遽下断言。斯则"开辟的经验"大足提高吾人对于客观证据之信仰者也。

且科学重假定，先设一原则，续致力于事实之考察，以证其然否。科学家盖认此真理世界，茫茫浩浩，无际无垠，变化千端，靡有定主。今日所是，明日或非；昔之所斥，今或至理。故主胸怀高远，独对大自然精心研讨，不以是非成败为念，唯努力而已。一假定不适宜，再试焉，三试焉，以至无穷试焉。斯则"开辟的经验"又足以振起科学假定之胆量者焉。

总撮上述，"开辟的经验"与"科学的方法"之关系有三：

（1）"开辟的经验"可使吾人观察、比较之范围扩大；

（2）"开辟的经验"大足提高吾人对于客观证据之信仰；

（3）"开辟的经验"可振起吾人对于科学假定之胆量。

二、"开辟的经验"与"民治精神"

"机会均等"为民治国家之唯一特征。各尽所能，各取所需，为国民者皆有此义务，亦有此权利。而其致此之由，则缘于"开辟的经验"。试举例焉：群集一乡，地稀人稠，势必争扰不已；苟移居一大沃野，茫茫无边，任我垦殖，则每一份子努力兢进，犹自不暇，若再斗争，断无斯理。"开辟的经验"又可增高个人独创自信力。科学家之所以屡败屡蹶一再试验者，以此故也，而其极，终发阐宇宙间无穷妙理。冒险家之所以横渡大洋，风涛险恶，舟子愤恚，而终信其说之是，抵死前进者，以此故也，而其极终觅得茫茫万里之大陆。此二例见诸历史，最称显著。若夫小说家言，鲁滨孙独栖荒岛，苦志经营，斯虽虚构，然西人精神，殆类此耳。除前二项外，"开辟的经验"尚有使团体合作特别巩固之力。此理至显明，群处惊涛骇浪之中，齐丁荒漠无际之夜，不合作则皆不足以生存，能协力则同登幸福之邦。试观十九世纪各国大革命，斯乃破天荒之举动也。旧势力根深柢固，不易推倒，苟非同心协力，尚何成功之足云乎。

总撮上述，"开辟的经验"与"民治精神"之关系亦有三：

（1）"开辟的经验"促成"机会均等"之实现；

（2）"开辟的经验"增高个人独创自信力；

（3）"开辟的经验"有使团体合作特别巩固的力量。

缘此种种，吾人是不难承认"开辟的经验"乃现代文化所由来之背景也。

现代教育之目的，既欲养成每一国民之现代力！是则必需使学校内一切工作皆受此"开辟的经验"之贯彻。故学校工作，当以动作为主，学科为副。而其要在使学生在所处环境中，得到三种开辟的经验的锻炼。即：

1.锻炼个人能力的开辟经验：

a.在思想方面，要养成能有创造的精神；

b.在身体方面，要养成能有敢冒险能耐苦的精神；

c.在情感方面，要培养学生和大自然相融洽的美趣。

2.锻炼团体生活的开辟经验：

a. 共同目标之领略；

b. 对领导和随从的旧观念要改变。从前是少数人处处作领袖，现在则主张多数人皆藉其一技之长，在社会里作领导者。

3. 锻炼生产技能的开辟经验：

a. 明了用思想支配物资和支配文字，是同样地重要；

b. 注重实习。

然则如何实施此三种锻炼？曰在规定学校中各种动作，使与学科训练……相连合。此等动作约举之可分为下列数种：

1. 野外生活；

2. 长途和短途的旅行；

3. 各种科学的功课用自寻原料的教学法；

4. 音乐及其他各种艺术的运动；

5. 组织的生活的训练；

6. 领导的练习；

7. 组织外交问题研究会；

8. 增加生产技能实习的机会；

9. 社会视察及职业实习；

10. 消费合作运动。

吾人籍〈藉〉着此等动作，可以得到现代生活经验，得到现代创造力，因而达到吾人所想之目的。

虽然，吾人对于某种要求，谋得充分之满足，首须分析该目的所含意义，再根据由分析所得之意义，拟定达到此目的之方法。如遇较大问题又须先作缩小的实验。譬之筑一图书馆，在着手建设之初，必由工程师先绘一图样，某处为何，某部奚落，详加研究，务使凡一图书馆必备之部分悉包括无遗，再根据此图样从事经营，一完善之图书馆始克告成。当实行建筑之前，工程师往往以工程浩大之故，先制一模型，精心构造，务至完善无缺，始着手实际建造。工程若此，教育亦然。凡有新的计划，新的设施，最好先作一小规模的实验，实验有成，再图推广。而私立学校之职务，一方为补助公家教育之不足，一方即应作缩小教育之实验。今日中国现状处处皆嫌老旧退缩，不徒有落伍之实，且有灭亡之忧。吾人苟欲自强，则舍努力奋进促成现代化，自造文明，其道奚由？如何使开辟经验的教育，一一现诸实施？如何使受过现代教育之人，都有现代化能力，为国家谋生存，为民族争光荣？此则南开同人所窃欲自勉，并作为实验教育之一新趋向也。

（《天津南开学校中学部一览》，1929 年 10 月 17 日，第 30—38 页）

要务实，不尚空谈[①]

张伯苓

世界进步，学校亦随着进步；学校进步，世界亦随着进步。单就中国而说，虽连年战争，许多学校也是进步，固不独南开如此。再说创办人严范孙先生，是中国一个有学问的人。但是他所以能为人佩服，是因为他能够务实。他念书是把书念在身上，不是念在嘴上或手上的。我们学校能从他的家里建起，就是能务实。世界所以能进步，亦是因为能务实。所谓科学方法者，亦就是能务实，不尚空谈的。学校离开他的家里以后，进步依然如旧，是因为借着严先生的精神，所以才有今日。此外，还有应该感谢的是社会。社会上帮我们忙的人很多，或以人力，或以财力，无不竭力帮助，使南开继续发展。但是我们所以有今日，其他的原因还是很多，一样一样的来说，亦说不完。不过担任职务学科的诸位先生，时时想法使学校进步，及全体学生之爱护学校，亦是学校进步的主要原因。

现在学风很不好。学校时有风潮发生，独南开没有，并不是没有，就近来大学、中学的两次风潮，全是学生自己引起，而自己察觉出自己的错误，能够立刻自己来补救的，这就是有自觉自治的精神。总之我们所以进步而至今日的，全由以上这几点。最近出去九个月回来，不误这个会期，所以今天很高兴。不过有一件事最难过的，就是严老先生的故去。不过，死是人人免不掉的，他七十岁死，不算是夭亡，希望大家继续他的精神去做，以谋下个二十五年的进步。

（《南开双周》南开学校廿五周年纪念庆祝纪实，1929 年 10 月）

---

① 本文是张伯苓在南开建校二十五周年纪念会上的讲演。

大学教育与南大的意义

黄钰生

一

上大学现在成了件时髦的事。人家上大学，自己也上大学；就好像人家穿宽袖子的衣服，自己也穿宽袖子的衣服一样。为了避免自己的难堪，或是羡慕人家的际遇而上大学，真是无意识的举动。除此之外，如果未有别的动机，就可以不必上大学。同样，家长着你上大学，你就上大学；或是中学毕业之后，未有事干，姑且上上大学再说，这都是无意识的举动。那怕你说"因为大学是功名的阶梯，大学文凭是饭碗的支票，所以我才上大学"。只要你自己这样的想，就比那些"外铄"的理由高明得多。然而这种利禄的动机，又是青年所不齿的。这篇"谈话"的用意，第一是劝中学毕业诸君，对于升学的问题，要拿出自己的主见来，你进大学，不要是家长把你推进来的，也不要是同伴把你挤进来的，也不要是人家进来的，你随便跟进来的，而要是你自己打定主义，自动的走进来的。中国现代青年的思想，多半老到，关于这一层似乎不必再事叮咛了。这篇"谈话"的第二个目的，是要说明大学的意义，尤其是这本《向导》所要介绍的这个大学，她的意义。

大学是干什么的？简单的说，大学的意义，（一）在"润身"，（二）在"淑世"。润身是为个人，淑世是为社会。"为学问而学问"，就是因为学问可以润身；"学以致用"就是要改良社会——"淑世"。

大学的一切设置，人员，组织，都是为学问而预备的。大学有实验室，你好去窥探宇宙的秘密，有图书馆，你好去登人类思想和艺术的极峰。有曾在学问中探过险的人，引着你去见所未见，闻所未闻，想所未想，欣赏所未欣赏。大学使你耳聪，目明，思想活泼，开扩你的心胸，推广你的世界，敏锐你的神经。使你感觉得宇宙的脉搏，使你有伟大的同情，同情于整个人类向上的企图。使你去想，去作，去改造一个合乎自己心意的世界。

只有知识是人类到自由的路；大学生是修路的工程师与工人。

你想：以你我渺小之身，在斗室之中，能够察知几万万……里以外星球的成分，几百万年以前生物的模形，举凡宇宙所能包，思想所能及，都是你我学问，实验，观察，欣赏的对象。一切峭屑鄙俗的事都忘了。这种恬润的生活，就是大学教育的意义。

我上面所说的话，或者要引起许多误会。第一：学问的生活，好像是很容易的。不，正好相反。大学教授并不是人力车夫，拖着乘客到各处去看看风景。要逛学问之园的人，都得吃苦步行，教授不过是向导。有时候向导也失了方向，或是到了向导也未曾到过的地方，还得要自己冒险前进。第二：学问的收获，好像全是快乐的。不，不一定。学问的收获中，时常有可怕的真理（terrible truths）。惟我独尊的地球，成了宇宙之一粒；万物之灵的人类，成了"禽兽"的后裔；天经地义的礼教，也不过是可能得文化之一；灿烂的文化，只是性欲行动的结果；敲来砰砰响，看来是整个的掉〈桌〉子，说什么只是万空一实的原子造成的，或者竟是无数的小电能的平衡。于是万有皆空，你我的身躯和这最靠得住的大地也在其内……这都是些可怕的真理。更有甚者，学来学去，问来问去，就许得到"人生无谓"的结论，那不是更可哭了么？所以说，学问的收获，不尽是快乐的事情，就许是可怕可哭的真理。胆小的人，不要到大学来求学问。第三：大学教育的好处，只是个人高超的生活。未免太自私了，太"出世"了。关于这个误会，我有以下的解说。损人利己，就谓之自私。学问不是一个馒头，你吃了，我就没得吃。学问好像"山间之清风与江上之明月，取之无尽，用之不穷"，你有了，我同时也可以享受，学问的本质，就是不能私有的东西。至于"出世"的责备，我也承认，这正是我要提出大学教育的第二种意义的理由。大学教育，除了"润身"之外，还要"淑世"。从个人的观点上说，是增加个人淑世的能力，使你有力量去达到你最高的理想。在承平的国家，大学教育可以润身为先，而在我们纷乱的国家，就须以淑世为先了。关于这一层，我要留到后面介绍南大的时候再说，因为南大就是将淑世放在润身之先的一个学校。

二

介绍南大，最好是将她与别处别代的大学，作个比较。

读古代大学的历史，每每令人神往——有时令教授们神往，有时令学生们神往。巴黎大学，是欧洲中古时代哲学神往的中心，也正是教授们（Masters，Doctors）的天堂。校长（Rector）是他们选的，校章是他们定的。市民市府，都要服从他们，否则教授们一发脾气，相率他去，不但于市誉有损，而且买卖也做不成。学生也须听说，否则很很的考他们一下！这种高贵的职业，又轻易不许别人加入，要加入，必须经过"教授公会"（Guild of masters）的许可和考试。功课可以随意教，学费可以随意要，那真是教授生活的黄金时代。

你再到保龙拿（Bologna）①去，那是法学的中心，也是学生的天堂。学校（Universitates）是他们组织的，校章当然是他们定的。校长（Rector）是他们选的，权柄虽大，可是要守他们所制的"审法"。至于教授——他们的雇员——除了听令于他们所选的校长之外，还要顺从学生大爷们的意旨，否则不但学费不好收买，就是教书的权利，也都发生危险。这群可怜人的惟一武器，只有神圣不可侵犯的考试——至于市民，那更要唯命是听，否则同盟离城，那还了得。所以只要是学生，无论是外国人，或是本地人，都有一种类似治外法权的保障，学生可以在校长前告市民，市民也只能在校长前告学生。如果一个市民敢冒犯大学（学生的）威严，十年不住他的房，不买他的书——至于功课，每礼拜听三次讲就可以不

---

① 现译为"波罗那"。

犯校规，四年或五年就可以毕业，再有两年就可以得博士学位——据说这倒是件很费事而又费钱的勾当。除了读书之外，保龙拿的学生，还可以过他们那极浪漫而有趣的生活，如毕业大请客，抢了校长的礼服（Robe），再向他要赎金之类。现在的学生们，为什么不生在十四世纪的保龙拿？

以上不过是教育史上的趣谈。其实欧洲中古的大学，不只是教授的专横和学生的跋扈，他们自有精神独到，为现代大学所不及的去处。头一件是师生双方动机的纯挚。学者教者，都为文艺复兴的潮流所震荡，人人胸中，皆有不可遏止的求知欲。学者听见某处有位名师，就冒极大的危险，走极远的路程去求学。这样求学的人，还会放松他的机会么？教者呢，一则为学生的诚意所感，再则为传播文化的责任所催，也尽心尽力去教。在这种情形之下，无须考试，无须加薪，自然会有好的结果。中古大学的第二个特点，师生接触的密切和同学切磋的机会。特别是学院（College）制与教师（Tutor）制盛行之后，这个特点更加显著。学院是几个先生和许多学生寝馈作息的地方，为首的一人，叫作院长（Master）。他大概是个学问渊博而又为学生所佩服的学者，帮助他的有几位学侣（Fellows），他们就是低班学生的教师。学校的功课，不在死板板的听讲，而在学生自己研究，自己读书之后，与院长或教师讨论。这种个人的注意，与人格的接触，是教学中理想的情况。至少两人对谈，不会打盹——讲室中常有的现象——互相问答起来，彼此都不敢粗心。此外，同学的益处也不少，大家都是好学的人，而意见又未必一致，于辩驳之中，就可以收集思广益之效，就可以不作井底之蛙，只知道自己的意见，而不能领会人家的观点。最好的是自己的时间，由自己分配；自己的课程，由自己去规定；研究有得，又可以就正于高明。这都是令人"心焉向往"的情形，难怪南大的学生，读了关于牛津大学的记载，就羡慕不置，日夜想实现牛津于南开。

就是中国昔日的高等教育，又何尝不令人神往？一个学者，或者是擅长某种学问，如汉朝的经师，或者有特出的人格，如宋元明的理学家，就有人向他求学。来学的人，都抱极坚的志愿，执极恭的礼貌。师生在一齐住着，朝夕相从，甚至于旅行的时候，都不离左右。师弟的关系，成了终生不绝的情谊。一直到前清时候的书院，还多少有这种精神。一个山长指导些成年的学生，各自去学问，用功不用功完全在自己。却无有一个人不用功。这都是令人神往的境况。

　　然而世界变了，黄金时代不可恢复。自从十九世纪以来，学问的范围，增加了千百倍；学生的人数，也增加了千百倍；一切研究学问的设备，如实验室，如图书馆，都不是私人或少数人的力量所能办到的。二百年前，一部十三经，或一部亚里斯多德的全集，就可以包括学问的一大部分。现在呢？一个图书馆，动不动就讲百万册书籍。八十年前，一个博学的院长，或山长，可以上知天文，下知地理，中知人事。到了二十世纪，谁敢说这话？学问的广博，使人不得不分工，分工之中又分工。分到末了，一个学者所研的范围只是一个极小的区域。这样一来，好处是精髓，坏处是破裂。现在学生所接触的不是教师，而是专家们（在中国是政客）；他所得的是一片段的知识，而不是整个的学问。最坏的是学者与教者接触的机会，只有课堂或实验室那几点钟；一则因为教者的兴趣，多半在他自己的研究，无心教学（或是因为有兼差或他种公事？）。二则学生太多，一人教几班，一班几十人，没有法子去照顾个人。总而言之，现代大学不如古代大学的地方：第一学生的动机不纯挚（推来的，挤来的，跟来的太多），教者的兴趣不在教学上；第二是学问分裂成了片段；第三是师生之间，多是机械的接触，少有人格的感化。

　　现代的大学，当然也有他的好处。设备完全，人才众多，有制度，有规程，有效率。学者可以随自己的天材，向任何方面去发达。读了五十多年书，而仍没有将所有的学程读完。富于知识欲的人，听见世界上有这样富丽的大学，真是福音。在现代的大学里，你可以不怕天，不怕地，不怕礼教，天文地理，物理人情，牛溲马勃，羊儿如何可以肥，鸡儿如何可以生大蛋，苏格拉底的模样美不美，太上李老君骑的是什么牛，都可以作研究的对象，难怪有好奇心的人，都抛妻省子（据调查美国大学教授每人平均只有子女一人，故云）往大学里跑。古代大学是不可恢复的了，然而他的好点，我们还要尽量的保存。现代大学的雄富，是不易效制的，然而也要有相当的设备。这就是南大努力的方针。有几件事情是很清楚的。一，南大是个比较小的学校，全体学生不过四百人。二，她是私立的大学，费用比较重，功课比较严，没有真正求学心的学生也不来。三，教员不敢说好，然而真、勤、正，这三字总还当得起。他们没有兼差，他们都是对于学问有兴趣而情愿教学的人。南大为经济所限，不敢奢侈研究，她只是一个老老实实的教学机构（a teaching institution）。间或有点研究，然而这宗研究为的是教者教得好，学者学得高兴。四，课程不取任意的选课制。各学院的教授，本着自己的经历，作整个的筹划，定出学问的路线来。学者可以循着路线，不致彷徨歧途；到了三四年级，对于一种学问稍有门径，然后可以享受比较的自由。整个课程表，没有高深骇人的名词，一二年级的人所学的是些极寻常而可是极其清楚的学问。五，南大的校址在市外，师生都住在那里，彼此见面接谈的机会很多。南大是个学校，而同时也是个"邻居"（Neighborhood）。十一年来的历史，养成了师生间，同学间，同事间感情的融洽。这不都是古代大学的遗风么？这都是南大要继续实现的理想。

南大不敢说是一个现代的大学——差得远。然而十一年来的经营，也还可以作相当学问的场所。科学馆有三四十万元的设备，图书馆有八九万册的书籍。一个学生来了，反正有书他读，有实验他作，有教授教他用功——他也得用功，风气使他用功，不用功站不住。到南大来至少可以尝一点读书的滋味——恬润的滋味。

融洽的感情，牢靠的学问，诚实的生活。如果世界上非有标语不可，这就南大的标语。

然而这都不是南大的特点。南大的特点是从她——南开学校——的历史中产生出来的。甲午之战，中国被日本打败，彼时就有个学者，不服这口气。他以为中国只要有人，就可以富，可以强，可以与他国争衡，于是他发奋办教育。这个学者，就是南开学校的创办人严范孙。十九世纪的末年，列强争向中国"租"海港。彼时有个水师学生，奉令到威海卫去撤下中国的旗子，让英国人挂起他们的旗子。同时他在水师提督衙门前面，看见一个魁伟，整齐，洁净，雄纠纠的英国水兵，臂着枪，昂首阔步，在那里来回走，旁边蹲着一个又小、又脏、又可怜的中国水兵，抱着个巴巴狗，毫无愧色地和那英国水兵指手画脚地谈天。这个学生，就不服气他所生的这一族，如此无出息！于是他立志办教育。这个水师学生，就是南大校长张伯苓。到现在，时间已经过了三十多年，国际令人不服气的事仍旧，国内令人不服气的事更层出不穷。严、张二人不服气的精神，成了南开的特点。

南开是不服气的支那人（Chinamen，Chinks，外人藐视我们的称呼）为争这口气而办的。堂皇地说，是要"求中国之自由平等"；实际地说，是建设的曙光之一；哲学地说，是抗命（Fate）主义的代表。

在南开本身的历史里，就有许多抗命的表现。我且说几宗来。民国六年，天津大水，南开中学被水淹了，本来一放假就可以了事。然而不！一面借房舍，一面搭席棚，三日之后，依旧上班。南开抗天灾。民国十五年，李景林在天津作战，人心惶惶，枪炮时闻，本来可以停课，然而不！南大的学生要大考。南开抗人祸。南大的校址像俄国的圣比得堡一样，在大泽之中，在荒原湿地上，建筑楼台。南开抗地势。南开抗争的结果，不见得处处成功，南开大学就失败过两次。失败了，不服气，拧着脖颈再干。

南开因为中学的抗力还不够，所以才立大学。南开大学的意义，是要用人格与学术去"争气"，去"淑世"，去实现中国的最高理想。南大不信中国人根本不行，中国事根本未有办法；不信在中国社会作事，必须要圆滑，要敷衍，要应酬，要在茶寮酒馆中大笔的交易；不信中国的问题，不能用科学方法来研究，来分析，来解决；不信喊口号，贴标语，讲主义，可以制服军阀，打倒列强，而救中国；不信撰名词，倡主义，作无聊的浪漫小说，请外国学者来演讲，就是文化，就是学术——文化，学术，他们是多么难产的宁馨儿；南大更不信中国青年，生性浮嚣，不守规矩，不肯念书，只会浪漫与颓唐。南大相信的只有两件事：人格，学问——用工夫修养来的人格，老老实实求来的学问。到南大来要读书，要作实验，要守规矩，要受考试。怕难的不必来，求安逸的不必来，好奉承的不必来，服了这口气的不必来。

南大接受中国的难题，青年也接受南大的难题么？

（《南开大学向导》，南开大学出版社，1930 年 5 月）

欢迎新同学

《南开双周》编辑

时间真是鬼，他永远颠倒着人类，在某个时间的开始人们便觉得更有价值，更有意义，更有生命。为什么我们要把他分成一秒一分一点一天一月一年一世纪，因为一秒钟有一个新的开始，一世纪又一个新的开始。而在每个时间的开始，我们便觉得更有价值，更有意义，更有生命。

学校的始业，是一个新的开始；新同学的来校，是一个新的开始。惟其是新的开始，所以才更有价值，更有意义，更有生命。

我们如何能使我们的开始，使他更有价值，更有意义，更有生命，这就在我们自己的努力如何！

我们在这里，很深切的欢迎我们新同学的来临，你们把新的朝气，新的力量带来。同时我们也把一些用廿六年的工夫研练出来的专卖品——南开精神！来回敬。

说到南开精神，不是重效率，不是合作的精神，不是"稳""准""狠""群"，而是廿六年来始终如一的对着恶环境向前顶！向前顶！！始终如一的向前顶！！！

在中国的现代悲观是空气，不用花钱，遂地可得，所以青年每每的被恶环境，给欺侮，给打倒。结果眼中看的是无望，耳朵里听的是悲哀，脑子想的是失败。所以结果灰色的十字架摆在你心头，失败呵失败永远的失败，但是只要我们肯顶，我们永远是战胜的。不信，静开眼看，南开，南开便是个好例。

我们新的同学，我们欢迎你们，我们欢迎你们一块儿和我们来顶。

新同学们！我们愿你别丢掉了新的朝气，别忽视南开顶的精神。

（《南开双周》第 6 卷第 1 期，1930 年）

因二十六周年纪念而希望于青年者

迟君

（1）认清自己个性，兴趣，放开胆量干一番轰轰烈烈的事业。

（2）不受环境的掣肘，只是顶向前去。

（3）在廿六年以后再估量你的价值。

（4）真正的摆脱。

（5）追求活力。

（6）建设新乐园，给儿女谋幸福。

（7）作一个能使中国民族整个的翻白的人。

（8）要让国家不内亏得自己先不内亏。

（9）求脚踏实地的知识。

（10）作个威权者。

（11）作中国思想的中心。

（12）大处着眼，小处下手。

（13）迎着头赶上世界的文化。

（14）一声不响的工作。

（15）爱护人类像爱护子女一般。

（16）真知。

（17）健康之美。

（18）常常笑着，唱着，跳着。

（19）工作工作，休息休息。

（20）深刻。

（21）有自信力。

（22）打倒浅薄的功利主义。

（23）有时应用第三观——恕观主义。

（24）生命运动。

（25）中国的教育与外国的教育不同点是："如何才能洗去中国青年数千年来养成的麻木的血，脓溃的心？"

（26）顶！

（《南开双周》第 6 卷第 2 期，1930 年 10 月）

热血的青年们大家联合起来

冯厚生[1]

　　这题目是我的主义，我的口号。我相信在这个世界上，一个人无论做什么事，终久是要失败的。我相信非热血的人类，是永远不会认真做事的。我相信在这个世界上，不，在中国，一定有许多热血的同胞，不过因为大家不会联合起来，所以没有多大的效率。我们要知道，合力是大于一切的分力的。我们要觉悟，我们新的人类，应该走新的道路，达到新的目的。我们要晓得现代世界的工作不是一个人的。所以我们为了完成世界的大工作必须联合起热血的人们，共同努力！

　　生活当是多方面的，尤其于团体的生活。呆板的单调的生活使人生枯燥，没趣，能使人类颓唐，死灭。所以我们要追求，追求人类生活的趣味，我们要知道人类完全是以趣味而生存的。让我们来看，世上那些昏庸的人类是多么可怜可笑！这就因了他们的无趣味，不知人生的真义！我们要知道，趣味的生活即是有意义的生活。而活泼的，兴发的，多方面的活动才是趣味真谛，让我们试预想着看，那整个有意义的活动的世界，该是何等的伟大？

　　我们要追求，更要大胆的追求那神圣的"爱"。唯有他，才能使人类兴奋，快慰。唯独他，才是最有价值的创造之动机。从他我们能寻到人生的趣味，人生的真义。

　　我们要解放，解放往时的"旧"的腐败的束缚。不，我们该打倒他，

---

　　① 冯厚生，南开学校学生。本文于 1930 年 10 月 9 日晚完成。

在中国已经的历史里，处处可以见得到"旧"的压迫。以为"旧"是神圣的，绝对的，不可移易的事。是如何的愚蠢！中国的人民为这"旧"字的流毒摧残了不算，同时更毁坏了中国国家，闹到现在的这种死活的态度。"旧"字是如何的可憎——这摧残人民破毁国家的"旧"字！

我们要冒险。在人迹罕见的山野中，开辟我们新的路径。这乃是极有兴味的事——那高山，那深涧，那泉源，那森野，我们终日接近这些，开伐这些，为他人所未曾见的一切，该是如何真美的优满的生活！我们的心，将因而开展；我们的脑，将因而清新；我们的身体，将因而健壮；我们的精神，将因而焕发。同时得发展些中国的富源，这乃是人生之大的趣味！

我们要创造，创造我们新的生活。当以趣味的动作为中心。我们的志愿该大，我们的心情该细，然后一步一步脚踏实地的向前做去。我们要知道，趣味的最显著的功效，是使人不觉得烦厌而产生多量的有意义的精采的工作。所以我们这新的生活也可说是最有效率的精采的而有乐趣的生活。——最不效率的是强迫的生活。

我们要坚强，始终不懒的来完解我们的一生。无论有怎样的烦恼的事临到我们的身上，我们也不能因之而崩裂了我们生活的方法和道路。尤其不要悲观，我们要当思念人生不是来追寻苦脑和悲哀的，所有的自杀者全都很显著的表示着他们的心之缺少坚强性。人生的方法和道路是为人类所择选的，当然不能全得到完美的结果。为了偶然的不幸，便牺牲了一生一切的幸福的人们是何等的呆傻！我们不应该相信有天命，我们该当相信所有的人为之力！

我们要相信我们自己。同我们之相信人为之力一样，我们要相信我们自己之力。极知道本身以外的一切多是不可靠的。依赖人家，只是给我们以人格的污辱。除却无理智的，无能为的动物才依赖别人。造物既给我们以这种普遍的身体——无异于人的——我们就该无异于人的向上做去，以完就我们的天赋。

我们的心胸，当如一团烈火。我们的思想，当如一柄刺刀——细锐——我们的心地当如日月之明磊。因为当我们遇事需要烈火的燃烧，利刃的解剖和心地的洗涤！

我们更需要彼此的谅解，彼此容纳的意见，彼此爱护，彼此帮助，彼此忠实。我们已〈己〉见太深不顾别人的意见，容忍之精神，真爱之情绪，当永久存在团体的结合当中。

热血的——努力的，肯干的，坚忍的，勇敢的，深思的青年们，大家赶快联合起来！为我们的趣味，为我们的目的，为我们的中华，我们该联合起来。

（《南开双周》第 6 卷第 2 期，1930 年 10 月）

献给新来到南开环境里的同学

——南开精神

1. 不知道有"不可能"。

2. 团体合作。

3. 脚踏实地去作，不说空话。

4. 拿得起，放的下。

5. 迎着头干！

6. 只知有大家不知有自己。

7. 尽情的玩，尽情的工作。

8. 没有虚伪的谄笑。

9. 赤裸裸的心在天真的面部表现出来。

10. 顶！

（《南开双周》第 8 卷第 1 期，1931 年 10 月 6 日）

南开的精神就是"傻干" [1]

张伯苓

学校造就学生，就是要学生改造社会。以前的毕业生，已经在前线上争斗了，今天你们毕业，就是把你们从后方调到前线。你们不要怨社会不给你们好位置，不要烦闷，要自己有多少力量，就用多少力量。周厅长说："国家乱，但很公道，帮忙你的比你值的多。"这话是真知道中国社会的人，才能说得出来的。只要有真学问，不要计较薪水，不必计较权力，不必非要高地位不可。现在的病，就是都想高地位，我们不怕地位低，只要做得好，把那地位抬高，就是爱国。若是高地位，而不能做好，则是小才大用，是误国害民。我们要记住，不是为高地位，不是为薪水多，是为改造社会而作事。今天就是我把你们带到"前线"改造社会。最后一句话：你们出去之后，要人人脑子中印上一个"南开"，南开的精神就是"傻干"。

（《益世报》，1934 年 6 月 26 日）

---

[1] 张伯苓在南开大学第十二次毕业典礼上的训词。

何谓南开精神

梅宝昌

一、精神与南开

"渤海之滨，白河之津，巍巍我南开精神……"

这是南开校歌的第一句，而第一句就唱起精神来。谈到南开学校，立刻就会论到南开的精神，校外的人士都交相称赞着"南开的精神好"；校内的师生亦彼此勉励着"要有南开的精神"。谈南开精神，讲南开精神，究竟什么是南开的精神？南开学校已经成立三十年，亦可以说是到了"三十而立"的时期，而三十年来所溶培出的南开精神在那里？这都不是简而易答的问题，一般人虽是都在想要问，但是这个既有兴味而又切要的问题，确是找不出一个具体而又完全的答案来。

一种物质或一项事业的评价，可完全由它所表现的精神来测量。一样东西，若是没有精神，就可以说它是没有存在的价值。精神这两个字的意义，就普通讲：粹美为"精"，"精"是纯质，亦可作神灵解；精气为"神"。在 Spirit 这个字，亦是神灵（Soul）的意思，而视为生命的寄托（Breath of Life）。由这些解释，就可以鉴出精神在一种物质本体上的重要，而在南开，更不能不注重到南开的精神，校长曾说过，"南开是中国人为了要使中国人亦在世界上作人而设立的学校"，南开既负有这般重大的使命，自必有其超越不朽的精神。前几年王正廷氏批评南京的建设，说是：有人才，有计划，有精神。若是论到南开，我们以为当把那顺序颠倒一下，是：有精神，有计划，有人才。因为没有精神，计划难求实现，没有计划，人才又有何用？南开的生命力是精神。

在教育上，我们总觉得精神是需要特别注重的，因为教育是人的训练——对人的人格和思想的训练，若是没有精神贯注其间，而这种教育的目的，是不会实现的。各个学校的课程是大体相同的，而其评价的差异，这完全是由于精神的关系。……教育本不只是在书本的研究，不能使人能作现代的人，那亦可以说是教育失败。教育的对象，既不完全在知识，那我们可以简便的说是注重精神。在一般教育进行中，既是不能不注重到精神，而在南开这样一个学校里，当然会有一种超越的精神了。

二、南开的精神在那里

由南开的精神，就同时想到南开校长的人格。关于校长，对其事业努力的精神，校内的同学，已早奉为典型，而社会一般人士，亦交相赞许。张学良先生亲口告诉我们：他的努力完全得自校长所说"不怨人靠自己"的精神。最近胡适之先生在《独立评论》《写在孔子诞辰纪念之后》一文里，对于校长的人格，以为崇高可敬。这次颜董事长的纪念文里，并以"状元"相誉。从各方面来观察，校长确有一种高尚的人格，而他这个人格的完成，就是因为他具有一种奋斗进取不屈不挠的精神。校长曾经说："无论多难，也开。"这句话很可以代表出校长作事的精神。南开的精神，可以说是由于校长的精神所创生，但是南开的精神却不只是校长的精神。乃是校长、职教员、学生……全体所表现的精神，是大我的精神，是团体的精神。没有校长，就没有今日的南开；但是没有南开，亦不会有今日的校长。正如胡适之先生所说："……这种人格，只有这个新时代才能产生，同时又都是能够给这个时代增加光耀的。"

谈南开的精神，我们既不能专论校长，然而南开的精神，寄托在何处？究竟在那里？这个问题，南开的人们只能觉得而无法答出，若是简单答，就是："在南开。"若是再进一步的答，就是：大中路的一草一木，范孙楼的一砖一瓦，女中的壁墙，小学的土场……都可以说是南开精神寄托的所在。南开精神是可遇而不可求的，并且亦是可悟而不可告的。

南开的精神，是随时随地都能看见的，南开的楼舍，南开的器物，亦都能表现出南开的精神。器物书籍，多是社会人士捐助的，这种"给得"的行为，可以映出南开的精神；校舍建筑，都是从平地的水池荒原而起的，这种"改造"的工程，亦可以观见南开的种〈精〉神。记得在南中的时候，有一位同学说，现在校歌里唱，"渤海之滨，白河之津"，其实从前不过是"粪坑之滨，臭河之津"。这句话听了似乎可笑，但其实不为虚构。然而南开能使"粪坑之滨，臭河之津"歌成"渤海之滨，白河之津"，那我们何能不唱"巍巍我南开精神"呢。

三、南开的精神

因为要写这篇文章，就要查看一下以前的人谈这个题目的文字，但是少见的很。记得有一次校长在大学礼堂讲演的时候，曾引蔡子民先生的话，以为现代学生应具："狮子般的魄力，猴子般的敏捷，骆驼般的精神。"校长虽指出骆驼来，然而骆驼决不以能就为是南开的精神，而亦没有专门研究骆驼的必要。能稍具体指出南开精神的是中学一位冯先生，他有一次讲南开精神，以为南开的发展是一种因（Cause）果（Effect）的关系。现在的结果是：物质的增加，课程的改善，体育的发展，团体的训练。而其种因为：乐观奋斗的精神，大公无私的精神，舍己为人的精神。冯先生所讲的话，是在六七年前的时候，现在的南开，旧有的精神虽都在保存着，而新的精神亦随时代而播生。这一种精神，不是容易写出的，我现在只有依据师长同学的话和南开的事实，分化出几个字来，然而若想把南开的精神描画的淋漓致尽，那是绝对不可能的。

（1）干——干是一切精神发生的原动力，不干就不会动作，自然亦不能长进。南开同学在消极的时候，常说："只有干。"而校长亦说："干！傻干，硬干，穷干！"是的，南开能有今日，完全是因为能穷干才造成的。南开的历史，都是些艰苦中的奋斗史。一文钱如何能作二文用？没有固定的经费怎求发展？南开今天穷，明天仍穷，亦穷了三十年而不为穷所败，这就是南开"干"的精神的表现。记得在二十二周年纪念时，有一位出校同学，写了 Sail on 二字以为祝，他并且说："南开的精神是在能 Sail on 而不 Sail down 的。"不错，南开是只知进而不退的。校长常以"勤"来勉励同学，这是教我们习劳苦，叫我们干，唯有干才能有出路，因只有干才会不腐化不落伍的。

（2）公——公是能维持永久的唯一政策。在团体生活里，每个份子若不能为公，这个团体一定不会有力量的。我们国家所以致成现在的情形，就是因为人民太自私，没有服务的精神，没有牺牲的志力，所以被人目为一盘散沙，没有组织，不会团结。校长常说："南开教育是要铲除中国人的病根：自私同不合作。要培养复兴民族的力量：团结和为公。"对于学校他亦说："大家事大家作，南开不是我一个人的南开，是大家的南开。"南开能有三十年的历史，就是因为这个学校虽是"私"立，而实能"公"开，大公无私的作事，方能无弊，而才能不为恶势力所摧残，只有为公的事业才能悠久才会光大。

（3）真——社会一般人常说："南开办事认真。"这一点我们决不否认。因为南开没有唱过高调，更没有沽名钓誉，南开只是"实事求是"的在做。唯有能"真"，而才能"诚"，诚就是应事接人的唯一的聪明方法。南开作事讲"实在"讲"地道"，不假不伪，因了自己本身的真实，始能博得校内外共同的信心。南开的存在，因为能"干"；而南开的发展，因为能"真"。南开若不能"真""干"，恐怕就是穷干亦不能成功，硬干就更要失败了。

（4）群——群是三育之一，在国外教育，对于群的训练，是特加注重的。"群"在南开的表现，就是"师生合作"这四个字上。现在大学商学院长何濂廉先生曾写过一篇谈校风文章，在那篇文章里，他道出"师生合作共策共励"的话来。南开能有今日的历史，自是师生合作的成功，决不是任一方面所能致成的。群的表现，在实施上，如同师生各种课外的组织，再如学生本身的各种活动，更如中学的"师生校务研究会"的组织。其他各项学会，更都以师长为指导为顾问。在训练上，如同春假的团体旅行，中学的社会视察团，亦都能是"群"的训练。此外在团体生活里，既没有党亦没有派，南开只是一个南开。这可以如孔先生所说"君子群而不党"了。

（5）爱——南开号称家庭学校，这是人共识的。……南开的学生来自各省，有过半数的人经三四年才回家一次，至多或一年回家一次，在学校的生活，自然成为他家庭的生活，而学校就是家。大学是哥哥，中女小学是弟弟妹妹，我们都是这样相称的。新同学到学校来，就可以觉Feel at Home（这我引以为新同学的原话）。在日常学校生活里，师生间的敬爱，同学间的友爱，都是随时表现的。而同学间婚姻的结合，更使"家庭化"成为真"家庭"，我们不是常听说"南开的婚姻"吗？此外在组织上，如同校长对学生个人或数人的咨询谈话，从前中学的修身班，现在大学实行的修学顾问制，都是除了观摩学识外，并谋解决同学的任何问题，而使师生相互间处如家人。更有一个奇怪的现象，就是同学离开这个学校愈久，愈是忘不了这个学校，而愈想这个学校。有一位出校同学，在二十二周年纪念祝词里，写了"多士尽叨慈母荫"这一句话，我以为这绝不是虚构的辞句，在旁的学校我们不知道，而在南开，我们确觉是这样的。南开的人们，没有不爱南开的，而必先人人能知爱团体，那才亦能爱国家的。

　　以上的几个字，都是随了每个字下面的事实而找出来的，南开的精神不只是这几个字能表示出来，而这个字却可以说是构成南开精神的要素，因为我总觉得南开的精神是可遇而不可求的，并且亦是可悟而不可告的。最后，愿引校歌的末一句作为结尾："……渤海之滨，白河之津，巍巍我南开精神。"

（《南大半月刊》第 15 期，1934 年 10 月 17 日）

我对南开的印象①

罗隆基

我第一次听到"南开中学"这个名词，是在二十年前。那时我是清华中等科的学生，那时我是刚从江西跑到北平来的一个乡下孩子。那时在我的脑筋中，中国最好的学校，当然是清华。然而就在那时，我已经常常听到学校里的教员和同学们提"南开中学"这个名词。并且提到的时候，总是赞美他。我心里想："难道在中国除我自己读书的清华以外，别处还有一个值得赞美的学校吗？对那学校，清华园里的人，都这般钦佩，那学校德还可以吧。"

就在二十年前的冬天的某一个星期六，学校里贴出布告，停课半天，让学生看清华与南开赛球。我却大吃一惊。我暗暗想道："真了不起，南开居然能够和清华比赛起运动来了。"南开不止和清华可以比赛运动，那天的运动，在篮球方面，清华大败。在那天的下午，清华园里"南开"的声望更高了。教职员不用提，比我多知道一点世界大事的同学们，都在称赞南开。适逢其会，那天学校里有位美国女教员请学生吃茶，我亦是来宾之一。茶会里听到的尽是"南开""南开"这名词。茶会场中那位教员且突然正颜厉色的同我们一班小学生说："孩子们（那时我们都是十几岁的孩子），你们将来都得学南开学校的张伯苓。假使中国多有几个张伯苓，中国一定会强的。"

南开这个名词和张伯苓这个名词连在一起，我是那一次才听到的。

---

① 纪念南开三十周年。

不过那位外国女教员说的是英文，把张伯苓三字念得像个外国名字，像是 Mr. Chamberlain 似的。

于是我心里又暗暗地在捉摸："呵，难怪南开这样有名，难怪南开的篮球队可以败清华，南开原来是个外国人 Mr. Chamberlain 办的学校。外国人办的学校，自然是好的。听说通州有汇文，听说上海有圣约翰，听说武昌有文华，听说湖南有雅礼。这都是些好学校，这都是外国办的学校。什么地方，外国人办的学校，不比中国办的强。就是我们这清华，要没有外国人退回笔钱，加上这大批美国人在这里教书，清华那里又有这样的规模。南开既然是外国人 Mr. Chamberlain 办的，成绩优良，自然是意想的事了！"

这是二十年前南开在我的脑筋里的印象，那时南开才十岁。

……

后来，我慢慢的知道张伯苓先生是个中国人，慢慢的我亦知道南开是中国人办的学校。因为后来有许多南开中学学生考上了清华的插班生，同时还有几位南开早期毕业生做了我们的教员，同时南开的足球、篮球亦好几次打败清华了。到这时候我那能不多道这一点关于南开的事呢。

亦就在那个时候（一九一九年），因学生运动的关系，我第一次到天津。学生运动的许多次群众大会，就在南开中学附近的空地上举行。因为到大会的缘故，我见识了这个"久闻大名"的南开中学。有一次，一位南开的学生，指着一个人向我说，"那是我们的校长张伯苓先生"。张先生刚走进学校里去，我见其背未见其面。然而我却认清楚了，他的确是中国人，不是 Mr. Chamberlain。

那时候，我又听说南开已起始办大学了。我却这般想，"张伯苓"先生这位中国人真特别。北平许多学校正在欠薪欠得一榻糊涂，政府的学校都快要关门了，这位张伯苓先生有什么本事，却要在这时候来办个私立大学。这不是自己对自己开玩笑吗？且看他将来如何吧。

这是十五年前南开在我脑筋里的印象。那时候南开才十五岁，南开大学约有一二岁。

......

一九二五年，我因事从美国回到北平。路过天津的时候，我要看望老朋友黄子坚先生。我雇了一辆洋车到南开去，扑了一个空。据说，黄先生不在中学，在大学。并且探听出来，大学在八里台。

时候已是晚上八点了，我又坐着洋车往八里台跑。我是没有到过八里台的，洋车跑过的地方仿佛是一片荒野。我心里想，这位张伯苓先生，大概到郊外什么一个破庙里去办大学去了。应该！北平的官立大学，正在没有法子维持的时候，他却要办私立大学，那自然只好借郊外的破庙来办了。

到了八里台，黄昏中看见一大块新辟的空地，在空地上居然有座新盖的洋楼。黄子坚先生亦仿佛住在一座结构简单的小洋房子里（或者就是如今大桥旁边的警察屋子）。那时我已经跑过外洋了，我的眼光比在清华又增高了些。我心里想："一座洋楼就可以办大学吗？"我这样怀疑，在那块新辟的空地上，那时的确有点新气象。新栽的花，新种的树，都欣欣向荣。我心里亦偷偷地说："谁又敢料定这些花这些树将来不生长茂盛起来呢！谁又敢料定这新兴的大学，不与这些花草树木同时生长繁茂起来呢？过几年再看看吧。真是天下事谁知道？"

这是十年前的事。那时南开中学才二十岁，那时南开大学才七岁！

......

一九三一年，我从上海迁到天津。一星期后，到南开大学来演讲。到了八里台，举目一望，一切果然不同了。从前新栽的树，新种的花，果然生长繁盛起来了。台子里居然有秀山堂，有思源堂，有芝琴楼，有图书馆，有实验室。居然有伟大的男生宿舍，居然有丛密的教员宿舍。那时候，我已经在上海几个大学里教过两年书。到了南开，我还没有深究内幕，我就说："这才是个比较像样的大学呢！"

一九三二年，我已做南开大学的讲师，在南大兼课。到今日，我对南开的认识当然比较更清楚，对南开的印象当然比较更深切。到今日，话却不容易说了。自己称赞与自己有关系的一个学校，似乎不近人情。

至少，我今日是这样想：人，三十而立。学校亦是这样。他有了三十年的历史。总算站住了。它既站住了，南开过去有这样的发展与进步，三十岁、五十岁，百千万岁，可至无穷无尽！

这是目前南开在我脑筋里的印象，这时候南开是三十岁！

……

"不能这样乐观吧！南开前途困难还多呢！第一，南开是伯苓先生一手创造起来的。南开三十岁，伯苓先生六十周岁。伯苓先生百岁以后，南开怎样？第二，南开的地址，是在华北，是在天津，是在日本军营的附近。倘一旦不幸国际上发生问题，华北，或天津，或八里台落在别人手里，南开又怎样？"许多人的确在这样替南开忧虑。

我对这两点的见解是这样：

第一点，完全是过虑。剑桥，牛津，哈佛，耶鲁，以及世界上一切有名的大学，各个的历史虽然不同，他们能够有今日，最初都是靠一二个伟大人物惨淡经营起来的。基础安定了，守成自然继起有人。张伯苓先生自己或者亦承认，南开在今日，维持南开的东西，不是伯苓先生个人有形的精力，而是三十年培养出来的一种精神。这精神，叫它做"伯苓精神""南开精神"都可。伯苓先生即使今日退养，这三十年已经养等〈成〉的精神，他带不走的。我们且看看，在大学方面，像优乃如先生，何淬廉先生，黄子坚先生等等，他们那整天价笑晒晒〈哂哂〉地傻干的精神，伯苓先生带得走吗？这就是我所说的"伯苓精神"；这不过是一个渺小的例子罢了！有了这精神，南开怕什么？有了这精神，南开这副机器，随便换谁来做总司机人员，亦会循规入轨的转动。这是可以保险的！

第二点，危险却是很大。然而话又说回来了，三十年的南开，功用在什么地方？南开不是有一两万毕业生了吗？学校不是还有一二千肄业生吗？南开校长不是常说："我办学校的动机和目的是救国吗？"果然如此，受过南开教育，受过张伯苓教育的人，当然不肯让八里台，让天津，让华北落到他人手里去的。果然如此，南开依然是有无穷无尽的生命。

有了意志，就有了道路。南开的出校在校同学们，在今日母校三十寿辰的时候，对母校的生命对母校的前途，你们有什么打算？你们更在做什么准备？

（《南大半月刊》第 15 期，1934 年 10 月 17 日）

十载"看"南开与今朝"望"南开①

张弓

自念任教此间忽已十载，平日略有所怀，兹乘机撰文一抒所怀；校外人见文可以知南开教员一分子对学校之印象，自己亦可以留此"十年心影"，作献于学校之祝仪。遂应梅君之征。

弓意论事应说局中话，局中人语，不得虚假；同时所说又不可不是局外人语，局外人语，乃可无私。平素论事每以站局中又站局外自勉，今所论述亦以此自勉。

（甲）十载"看"南开

服务南开，忽及十载，前五年任中学课，后五年任大学课，春去秋来，愧自家之效劳殊少；日新月异，喜学校之进步实多。兹将十载来对于学校之认识分作数点，简述于下。观察未能周细，或欠正确，还希望阅者见谅。

（1）洁（师生心地洁净）——此点可算南开学校许多好处之基础。南开职员以纯洁之心办事，教员以纯洁之心讲课，学生以纯洁之心读书，修学，不知所谓"私党"，不知所谓"手段"，南开师生真可称"一尘不染"。南开学校真可算教育界"一片干净土"。

师生心地洁净，原何足奇，不过在今世，似尚可以特别称述。弓敢断言，南开有许多好处，而洁实为其许多好处之基础。

（2）整（生活有纪律）——南开生活，极有纪律。职员理事，教员

---

① 南开学校三十周年纪念，大学部出版社特编印纪念刊，主编人梅君向张弓征文稿，其意盖以弓服务本校多年，或有真切之感想也。

授课，以及学生修业皆循序渐进，一步不乱。职员时时谋事务之改进，而其态度则向来总是从容不迫。弓以为南开有两件事，最足作"有纪律"之证明：

一、学校每学期行开学仪式之日，即正式开课之日，到期师生齐集，以全副精神开始进行新课程。

二、教员平日告假绝少，学生缺席绝少，教员偶尔因事告假，自己即觉心不安。

此外课务、事务表现纪律之严者甚多，不再备举。或谓："细心明眼之生客一进南开校门（大学大中桥上，中学范孙楼前），瞥见门前之布置，点缀，便可推见南开全部的纪律。"此语不虚。

（3）齐（职教员皆有协同精神）——南开职教员皆有协同精神，而职员此种精神尤显著。南开三十年的光荣史之造成，实多赖职员之力，实多赖职员之协同精神。"奋斗"必须"协同"，南开职员三十年奋斗，能征服种种大困难，实凭仗协同的精神。

张校长常提"大家事，大家办"之言，职员确能躬行实践。教员方面亦有协同的精神，如各教科的教材教法，同年级诸组一致，可为明证。

（4）实（师生皆务实）——南开办事教课皆注重"经验"。课务皆脚踏实地，进行皆能注意实际，逐渐改进。

职员办事精细平实。曾国藩论办事谓："能事事求精，轻重长短，一丝不差，则渐实矣。能实则渐平矣。"南开职员，确是能求精能实。

课程能注意现社会之需要，能顾到本校学生之学习心理，教员每学期课业预算表与实际进度表，大概相差不甚远；学生读书修学，亦大多能做"实功夫"，收"实效"。

以上所述，虽未能该〈赅〉括南开所有好处，而"四"点确是南开精神之特质，且此"四"点，正是中国现社会所当特别注意者。

（乙）今后"望"南开

弓爱南开，弓希望南开自然切，弓重南开，弓希望南开自不得不高。今后对南开之希望，可分三项陈述：

（1）"文化"与"实用"，"全人生"与"职业"两重教育意义之合一——深愿今后南开学科教育立百年大计，将"文化"与"实用"，"全人生"与"职业"两重意义融合为一。

现下全国教育界皆注重"实用教育""职业教育""技术教育"，教师之所教，学生之所学，无不注重实用方面。且社会各界皆鼓励施行实用教育。弓愚以为当现今民族缺乏新知识新技术之时，实用教育，自是急务，惟各门实用的知识，技术教育，总必须有人生意义文化意义为其基，厥乃得真发展。人是主宰，一切的知识技术是人所使用的工具，必人是活人，乃能求得活的知识，巧的技术，乃能活用知识，技术。

梁漱冥氏论"教育应注重人生行谊"曰："我们可以断言，中国教育如其有办法，必自人生行谊教育之重提，而后其他一切之知识技能教育乃著其功，抑必将始终以人生行谊为其点而发展其他知识技能焉。"见解真是高明。

弓深愿南开今后学科教育将"文化"与"实用"，"全人生"与"职业"两重教育意义合而为一。求实用，从全人生方面求大用。传授各种新知识新技术，皆从人生，社会，事理，人情方面指点启发。

弓现担任大学"应用文"课，即以"应用文教育"为例，略论"文化"与"实用"，"全人生"与"学术"两重意义，敬求识者垂教！

如：讲"日常应用之叙事文，论理文"，一面固是论述其体制，结构，以及练习撰作之种种注意点，一面更要论述叙事文论理文各种好文章里人生"真""善""美"之表现（"真"是观察的精神，判断之确当；"善"是作者态度之诚挚，坦白；文章具"忠""勇"精神；"美"是表现彻底）。叙事文与观察力，论理文与思考力之关系，各种文章与"热情""理性""敏感""想像"之关系。

现代科学文明与现代文章之新精神（尚"真"）关系。

又如：讲"书牍文"，既讲书牍之特质，体式及撰作之要件，更可就各类人（文章家，学术思想家，事业家等）之书牍，讲各类人见于其书牍之各种精神。（某氏云：尺牍可以见出人的精神全部结构）

更可就某人之书牍，谈书牍所表章其人之个性（书牍最能鲜明表现人的个性）。即讲最"俗"之"庆吊仪式文"，除讲体式外，更应讲到庆吊文与"礼制""风俗""中华民族之表情美""中国社会伦理""民间信仰"之关系。

要之指导学习国文应用文，不仅传授技术，更应注意"人生之启示""文思之陶铭"，进一步说，惟使人能充实生活，善陶冶情思，方能使人撰作佳文。

（唐钺氏现作《中国学术界最近之风气》，中有一节论"科学实用的研究还要靠无直接应用的研究"。文载于《中山文化教育馆季刊》，见解明确，关心科学教育者可一读。）

（2）"协进"中能"自得"——此点是专就学生方面说。学生在校，一面应受社会生活之训练，应练习种种事业的合作；一面在协进中还要能"自得"。"自得"还要能注意自己特殊的性向才调，而设法求个人"才"，"性"之申展。

应明白"自己完成"不但与"社会福利"不相悖，且"自己完成"正是"社会福利"之基。

（3）使现社会"学校"化！——教育事业，本是整顿社会环境的事业。关于"社会学校化"之理，教育家发挥颇多。如梁漱冥氏云："教育之一事，一面在事实上不离开现社会，而一面在精神上要领导现社会。"弓切望南开学校能"化社会"。

南开有特别之经济基础，有三十年光辉灿烂之历史，一面有自主独立之精神，一面得各界之敬意与助力，故南开确是特有化社会之"力量"与机会。

今后一切新的合理的工作，如劳作，经济合作，民众教育，事务的科学管理，……不仅在校内做，还要放开校门，到校外去做，由事实开导民众，凭精神默化社会。弓不仅希望南开在校学生，毕业生，全体教职员俱能发扬南开的精神，更望中国现社会全能领得南开之真精神！切望南开之"光"，能普照中国现社会！南开之"热"，能遍传中国现社会！

国家果多真才，国难虽深何足惧！教育果入正轨，国难虽深何足惧！弓以一瓣心香虔祝，南开学校千秋百获！千秋百获！

（《南大半月刊》第 15 期，1934 年 10 月 17 日）

南开的目的与南开的精神①

张伯苓

（前略）

甲午之后，眼看列强要瓜分中国，于是立志要救中国，也可以说自不量力。本着匹夫有责之意，要救国，救法是教育。救国须改造中国，改造中国先改造人。这是总方针。方法与组织，可以随时变更。方针是不变的。中国人的道德坏、智识陋、身体弱，以这样的民族，处这样的时局，如何能存在？这样的民族，受人欺凌，是应当得。再想，自己是这族人中之一个。于是离开海军，想从教育入手。真万幸，遇到严先生，让我去教家塾。严先生之清与明，给我极大的教训。严先生作事勇，而又不慌不忙。有人说，旁人读书读到手上来了，能写能作，或是读到嘴上来了，能背能说，而严先生读书，真能见诸实行。我们称赞人往往说某某是今之古人，严先生可以说是今之圣人。他那道德之高，而不露痕迹，未尝以为自是好人，总把自己当学生。可惜身体弱——也难怪，书房的环境，身体如何能好——七十岁便故去了。死前也有几年步履不灵，然而心之热，是真热，对国家对教育都热心。我们学校真幸会由严先生发起，我个人真万幸，在严先生指导下作事。

发起是如此发起，目的是要救国。方法是以教育来改造中国。改造什么？改造他的道德，改造他的知识，改造他的体魄。如此作法，已有三十年。这三十年，时时继续努力，除非有战事，是不停学的。如辛亥

---

① 1934 年秋季南开大学始业式演说词。黄钰生笔记。

革命，局面太乱，停顿几月。记得那是过了旧历九月七日——学校历来的纪念日，后来才改为阳历十月十七日——纪念日过了不久，就停学，下年正月才能开学。以后便未这样长期的停顿。如直皖之战，李景林与张之江在天津附近打仗，奉直之战，不得已停几天，但凡可以，就开学。在座的旧同学旧同事，都还记得，两次津变，不得已停学，不几天又开课，开课就要求进步！

今年的进步，从物质方面说，有中学的新礼堂，女中的新宿舍，小学也有添置，大学也新添教员住宅和化工系的试验室。有人说，华北的局面危险如此，你们疯了，添盖七万四千多块钱的房子。我说，要作，这时候就作，要怕，这三十年就作不成一件事。有人说，南开应该在内地预备退身的地方，我引《左传》上的话回答："我能往，寇亦能往。"

不错，盖了些房子，然而房子算什么？书籍算什么？设备算什么？如果你们有真精神，到哪里都可以建设起来。学校发达，国难也深，比以前深的多。不怕，所怕者，教育不好、不当，不能教育青年得着这种精神。你们也要这样，不把物质放在眼中。物质是精神造的，精神用的。在这一年以内，增加许多设备，人家看来，一则以为糊涂，二则惊讶。钱从哪里来的？想法去弄的。只要精神专注，样样事都可以成功。前星期有个朋友曾仰丰来看我，他是我第一次到美国的一个同船。他说他未到过中学，我便陪他去看，看见那里的建筑，他问，哪儿来的钱？我说，变戏法来的。反正不是抢来的，是抢来的，现在早已犯案了。他问我学校一共有多少产业。我算了算，房子有一百多万，地皮七八十万，再连书籍设备，大约有二三百万。我也不知钱是怎样来的。我也不计算，我就知道向前进，我决不望一望，自己说，"成了，可以乐一乐了"。作完一件事，再往前进。赌博的人不是风头顺就下大注么？我也如此。往前进，能如此的秘诀是什么？公、诚，未有别的。用绕弯方法不成，骗人还会骗几十年？谁有这样大的本领？事情本来是容易，都让人给弄难了。曾先生听我的话点点头。我又说，我一人要有这样大的产业，我身旁就要些人保镖了，还能坐辆破洋车满处跑？

这并不是我好。我只是说，如果公，如果诚，事就能成功。我的成就太小太小，你们的成就一定比我的大得多。成就的要诀，我告诉你，先把你自己打倒。当初我受了刺激，留下的疤很大，难道你们受了伤，不起疤么？受了刺激，不要嚷。咬牙，放在心里，干！南开的目的是对的，公与诚是有力的，干！近来全国渐觉以往的浮气无用，渐要在实地下功夫，要硬干，要苦干。我们的道理，可以说是应时了。我看见国人这样的觉悟，我就死了也喜欢。我受了刺激，我不恨外国人。我恨我自己为什么不争气。近来国人也知道自责了。所谓新生活运动，就是回头看看自己的作法，孔子教人"失诸正鹄，反求诸己"。射箭射的不好，不要怨靶子不正，怨自己！我给你们说个笑话，当初考武考讲究弓、刀、步、马、剑。有一次县考，一个生员射箭，本事不好，一射射到一个卖面的大腿上去了，县官大怒，要罚考生。卖面的说，大老爷请您不要动怒，这算小的腿站错了地方，如果小的腿正站在靶子那儿，这位爷不就不会射上了？

前些年，国人太浮，嚷嚷打倒"帝主义"。嚷什么？这么大的国，还受人欺负，是自己太没出息。好了，现在也不嚷嚷了，当初领着学生们嚷嚷的人，也作官了。全国人的态度转变，与我们所见的相同，不责旁人责自己，近来新生活运动的规律，同旧日中学镜子上的话很相同。当初中学的大门口，有一面穿衣镜，为的是让学生出入的时候，自己照照自己。镜子上刻着几句话："面必净，发必理，纽必结，胸容宽，肩容平……"我还常教学生，站不正的时候，把胳臂肘向外，就立刻站直了。此外，烟酒绝禁，嫖赌一查出就革除。我以为发挥我们的旧章，认真执行，就是新生活。近来看着全国有觉悟，看到自己不行自己改。凡是一个人、除了死囚之外，都有机会改自己，都有希望。现在中国要脚踏实地，我认为这真是最要的觉悟，最大的进步。全国的趋势如此，我们也不落人后，发挥南开旧有的精神，认真实行。

再说，你们的先生，我的同事，真不容易请来。钱少，工作重，这是大家都知道的。别的学校用大薪水来请，也请不去。这种精神，是旁处少有的，实在可以作青年的榜样。新来的学生，也知道这里的功课紧，学费重，然而为什么来？不是要得点什么嘛？近来的大学生毕业之后，就有职业慌，而我们今年的毕业生，七十几人，十成里有九成以上都是找着事了。为什么？不是因为他们肯干么？先生热心，学生肯干，我们正好再求长进，以后要想侥幸，是未有的事。托个人，穿个门子，不成。未有真本事不成。

今天是开学之始，又近三十周年纪念日。我们学校已进了一个新阶段，还作，再作。前三十年的进步太少了，此后要求更大的进步。人常说，学生们是国家的主人翁，主人翁是享福的吗？主人翁是受罪的。我说过不知多少次，奴隶容易当，主人难当。作奴隶的，听人的调度，自己不要操心；作主人就要独立，要自主，要负责任，然而有思想的人，宁可身体不安逸，也要精神自己。你们都是主人翁，就得操心，就得受罪，你趁早把这一项打在你的预算里头吧。

我们国难日深，然而还有机会，还有希望，就怕自己不发良心，不努力。我快六十岁了，我还干，一直到死，就决不留一点气力在我死的时候后悔，"哎哟，我还有一点气力未用"。我希望你们人人如此，中国人人人如此。学校三十周年，而国难日深，所可幸者，国人已知回头，向我们这边来了。都要苦干，穷干，硬干。我们看国人这样，一则以喜，一则以惧。喜的是志同道合，惧的是坚持不久。不管别人，我们自己还是咬定牙根去作。

这次天津的学生，到韩柳墅去受军事训练，我以为很好。中国人向来松懒，乱七八糟，受军事训练，使他们紧张。我常说中国人的大病在自私，近来又加上一种外国的病——自由。你也自由，我也自由。不自由，勿宁死。我有个比喻，一边三个人，一边五个人，两边拉绳子，如果五个人的一边，五个人向各方面拉，三个人那边，三个向一面拉，三个人的那一边必定得胜。这是我教人团结，教人合作的老比喻。中国人的病，就是各拉各的，拉不动了，还怨别人为什么不往他那一边拉。自私，打倒你自己。说什么自由，汉奸也要自由，自由去作汉奸。孙中山先生的遗嘱，说："余致力国民革命，其目的，在求中国之自由平等。"是要中国自由，现在中国动都动不得，你还讲什么个人自由？求团体的自由！不要个人的自由！从今日起，你说"我要这样"不行，一个学校如此说，也不行，要求整个国家的自由，个人未有自由，小团体未有自由。我们从外国又学来一种毛病批评，人家的社会已入轨道，怕他硬化，所以要时常批评。我们全国的建设什么都未有，要什么批评？要批评，等作出些事来了再批评，要批评，先批评自己。最要紧的批评是批评自己。现在有许多人，在那里希望日本和苏俄快开战，愿意他们两国拼一下。你呢？你不干就会好了么？孔子的话是真好，颜渊是孔子的大弟子，颜渊所问的，孔子还不将全副本事教他。颜渊问仁——孔子答到："克己复礼。"好个克己！你最大的仇敌，是你们自己。中国人，私、偏、虚、空，非将这些毛病克了不批评，人家的社会已入轨道，怕他硬化，所以要时常批评。孔子答子张的话也好，"先事后得"。作你的事，不管别的。现在的人还未作事，先打算盘。小！你把你自己撇开。我们要作新人，我们要为民族找出路。这是我们的最后的机会了。再不争气，惟有灭亡。我们学校，今年要发挥旧有的精神，更加努力，先生肯牺牲，学生不怕难。你们不要空来，要得点精神，要振作精神，打倒自己，你一定行。参加军事训练的学生，先觉难受，后来也行了，行也行，不行也行，也就行了。逼你自己作事，你对自己一定有许多新发现。日本人就是这样去干，他们的方法，总是置之死地而后生。我总想中国人的筋肉太松，我恨不得打什么针，教他紧张起来，本来就松，又讲什么浪漫，愈不成话。

　　前者有学生的家长，赞成军事训练，并且以为女生也应该学看护，这见解是对的。女生也要救国，救国不专是男子的责任。我以上的话，也不专是对男生说的。好，我们大家努力起，全国在振作精种〈神〉，我们不能落后，好容易他们入了正路，我们更当作国民的前驱。

　　　　　　　　（《南大半月刊》第 15 期，1934 年 10 月 17 日）

时时不忘改造环境，改造中国①

商震

鄙人今天第一次参加贵校毕业典礼，甚为荣幸。南开大学在中国可说是最有名誉历史悠久的学校，鄙人有三种感想，贡献毕业诸君。

第一，本人未到南大业已二十年，二十年前，舍弟在南中肄业，本人因事曾与伯苓先生晤面，彼时即对南开学校发生深刻的印象。今天到此，看见学校的设备与环境及一切情形，觉得有莫大的进步，因为以前此间是一片荒凉的土地，现在则已成为不荒凉的干净地方，由此可知事在人为，此不能不钦佩感谢伯苓先生之辛苦努力。查严氏私塾成立于三十余年前，正式更名南开亦已三十一年，在此三十余年中，不知经过几许困难，但俱被张先生不畏艰难努力奋斗之精神所战胜。希望诸君毕业出校后，本张先生奋斗之精神，为社会服务。

第二，我中华民族经过最光荣最悠久的时代，何以现在一切均落后？此无他，不能改造环境而已。顷自车站来此，途中经过各国租界，觉得一切的建设俱较我国有进步，但至贵校后，目睹贵校环境之良好，始知此种理想之错误。希望诸君入社会后，时时不忘改造环境，改造中国，使成为和美的平安的环境。

第三，诸君服务社会后，不论地位之高低，生活之良否，尤应随时勿忘中华民国及中华民族。

（《大公报》天津版，1935 年 6 月 24 日）

---

① 在南开大学十三届毕业典礼演说词。

以国为重，傻干实干①

张伯苓

（前略）

南开创办人严范孙先生因鉴于国人之病在一"私"字，力倡教育救国。彼之国家观念，我人今日尚未能追及。严氏指给我人之方向，即是教育须为国为公。转问毕业生将来是为国抑为私？来宾中或有诸生之家长，必以为供给子弟十数年之费用，今日毕业后，宜略为家庭打算。但试问若无国，何能有家，常见青年发牢骚，此即是私，若全为公着想，便无牢骚可发。诸生功课已毕业，此后应思如何为国为公，方不愧为南开学生，方不悖严老先生办教育之意。同学出校后，切勿急想做大事。即给以好事，亦应谦谢。曾有人于大学毕业之后，即谋充大学讲师者，眩耀一时，结果失败，痛苦益甚。诸生于离校后，勿图报酬之多。先学会花钱，并非好事。应牢记先从小事切实做起。登高跑快，一时机遇，患得患失，何等苦痛。谋事时，务使自己能力胜任，所谓游刃有余，实精神上大愉快。勿图名利，切实干去，获得成绩，名利自然而至。诸生须放远眼光，做上五年十年。再来见我，必信吾言。故事事只须大方优做实做，即是最好方法。临别以此秘诀相赠。

（《大公报》天津版，1935 年 6 月 24 日）

---

① 6 月 23 日下午 3 时，南开大学在秀山堂举行第十三届毕业典礼。本校师生及商震、曹汝霖、王揖唐等出席，张伯苓面授训词并发表讲话。

认识环境，努力干去[①]

张伯苓

开学那几天，因为学校的事到南京去，所以没得和大家谈话。今天藉这个机会和新旧学生稍微谈谈现在的情形，看看本学期咱们应当怎样做法。

这一次始业式是许多次始业式的一次，可是环境有了许多的变化。我们先要认识环境，再说怎么样应付环境。不能应付环境，要被淘汰。教育是帮助人应付环境的。既然要认识环境，今天就把个人所认识的、所感想的说一说。最近几年，特别是最近几个月，有个很不安全的感觉。我们自以为是一个国，而这个国可是没有门，没有墙，这怎么好！以前我们住在什么环境里呢？以前的环境，四面的墙一齐倒，彼此互相支持住，没有倒下，我们就在这个环境下住了多少年，觉得很安全。大家在底下还要乱打乱闹，你看该死不该死！现在几面墙都塌了，有一面墙要整个地倒下去，自己又没有柱子支着，让它倒又受不了。早也不知干什么去了，抬头睁眼一看，各方面的势力都跑了，只有一个大势力来啦，如"冰山之释"，这是多么不安全！中国人真有这不安全感觉了吗？不完全都有。我希望我们南开的人，都有这个感觉。以前的事，不能说，也不必说了，在墙下胡闹的机会，再没有啦。以前的事情，人人都应该负责，我也是应该负责的。

有这不安全的感觉，应该怎样呢？第一，不要像从前说孩子话，什

---

① 1935 年 9 月 17 日南开大学礼堂演讲词。

么痛快说什么。回想前几年，小孩子气到万分。学生固然如此，甚至执政者也这样。现在这种举动万万不要有。快快想法子盖墙、盖门（要是懂得这个话，就是国防）。院子太大，不能都盖，那怕盖一个角呢，也比不盖好。记住啦，在这个不安全的情形之下，第一，不要随便说话；第二，快快盖自己的墙，挡住那猛扑回来的势力。墙倒下来，大家一同都要死的。以前闹私的感情，闹意见，现在不要这样了。

这几个月以来，我的第二个感想，就是以前做的事情，满不彻底。我觉得我自己做的事情，也不彻底。这并不是谦虚。我盼望南开的人，此刻都大彻大悟，万不要因为小小的成功和进步而得意。我常想，我们提倡体育已有三十多年，体育比以前进步得多了。以前，长指甲，走路都走不稳。以前跳高跳四尺多就了不得啦，现在差不多到了六尺了。跑啦、篮球啦，都比以前进步多了。我们在国里觉得自己的进步，到了一开远东运动会、世界运动会，一比，就不成了。我们进步，人家进步得更快。你要知道，自己进步是没有用的，有一点不如人，全局输了，自己的一切进步都没用了。所以彻底还要彻底，紧还要紧。自己认为小的进步不算，非彻底不行。说是比从前好得多了，等于白说，试看别人的进步怎么样。现在情形这么险，我们应当怎么样做？上一次我对中学说话，提出了三个要点，我现在也给你们说。

第一，中国人太自私，不能合作。无论什么时候，什么事情，人人都可以看到自私的现象。我常坐在一旁，自己不说话，听人谈论，很少有人说到为公为国。例如做买卖吧，买卖是大家的，人人都要入股才行，人人都要提款，那岂不是坏了，岂不是糊涂么？又例如一个航海的船，全船要沉了，还有些人只管坐在舱里守着自己的财宝，看得太小太近。我们这些人不有总名称么？分开说罢，你姓这个，他姓那个，你是这省人，他是那省人，你是南开，我是北洋，但是这些人有总名儿，就是中华民国。总的东西要叫他存在，自己才能存在。要想叫他存在，看为他努力的人有多少。想着真险呀，向公家添煤添油的人太少，揩油的人太多，这如何能好！

年长的人快死了，不要管他们，希望都在青年人身上。我在中学礼堂讲演，看着男女中学学生一千七八百人，真精神，我高兴。我今天看见你们，我也高兴。青年人要顾公，不要净顾自己，从自己起，每天想三回——

"我真爱国么？我自己对公家有好处吗？我自己对公家有害处吗？"

你自己这样问你自己，你们都这么大的人，也用不着我给你们说甚么是"好处"，什么是坏处。

中国人的自私心比各国人都大。就知道为子孙、为家族，可是不知道为国。中山先生说知难行易，做着容易，就是这个"知"真难。中国人几时才知道为国，知道无私就是公？我有一个比喻，旧学生听过多次了，新学生还未听过。我到各处学校讲演，用拉绳来比划。绳子一共是六根，一个气力大的人拉一头，那五个人要向一处拉，就拉过来了；五个人分向各处拉，就拉不过来了。这样浅的理，何以不懂呢？懂，为嘛不做呢？就是太私。要下修养工夫，练习公。这次在南京给遗族学校讲演，学生都是七八岁的小孩子。我问他们，你是那一国人？他们说是中国人。有没有没人的国？他们说没有。中国人多不多？他们说多。中国强不强？他们说不强。为什么不强呢？小孩子说，不能团结。小孩子都懂。我痛快极啦。可惜的不是真知，不能做。拉绳懂了，别的事还是不懂。中国的事很简单，只要懂得这个道理，就易如反掌。中国人多，又不傻，地又大，何以不好？由于不能团结，太自私。公由那里起？由一班、一个学校起下工夫，练习为公。

中国人还有一种特性，小孩大人一样，总不愿别人好。大家在一块谈，谈到别人的坏处，大家精神百倍；说人好处，就不高兴了，好像不愿中国有好人。这就是亡国的根源。我在南京，提议组织一个会，专写匿名信。匿名信本是骂人的，我们以为一骂他，他就可以做点好事，其实，他更不做好事。所以要写捧人的匿名信，叫他今天接一封，明天接一封，日子长了，他高起兴来，尽力做好事。我常听人家说别人坏，大家都来了，再加点东西，这如何能好。我头一句话，总想为他辩护。孟子说："纣之不善，不如是之甚也。天下之恶皆归焉。"中国人愿意国家好，可是不愿意有好人，这都是自私，度量不大。现在，我给你们想几句话：

你是中国人吗？是。

你爱中国吗？爱。

你愿意中国好吗？愿意。

那么，你就要得愿意中国人全都是好人。

不要太狭隘，彼此要往上长，不要往下长。总是批评人，那就是往下长。譬如开一个运动会，有人代表南开跳高，你愿意他折坏腿吗？愿意人好，还是愿意人坏，你们可以拿这个试验自己，试验别人。现在倒霉时候，不愿别人好吗？要改，非改不成。

第二个要点，论个人聪明，中国人比日本人高，这是浮聪明。凡是有打算盘的事，中国都有小聪明。聪明是生来的好处，不是自己的，努力才是真正自己的。个人聪明，中国人高，可是团体的聪明，就不如日本了。中国人没有至诚，不恳挚。做事没至诚，不恳挚，是不成的。有的先生告诉我说，有些学生很聪明，就是不用功。我说，有这样的学生，你告诉我是谁，我把他找来，我打他。因为他暴殄天物，辜负老天的好意（听众笑）。

你看人家外国人，都那么诚诚恳恳的，中国人总是那么飘飘摇摇的，我想给中国人加上点重量，中国人要傻不济济的干。中国人一事无成，要傻干。中国人没有份量，一吹就跑了。我给你们每人加上三十磅，各个人都加份量，沉住了气，不要说风凉话。说嘛就是嘛，要实做。中国人不如人的，不能合作，不能诚诚恳恳地干一下子：知难而退，浅尝则止。应当"继续努力，以为贯彻"。你不是学过力学吗？力学上一个物体，加上一个力量，力量不断地加在物体上才怎么样？才有加速度，越加越快。假如浅尝则止，就不能有成就。中国人不能咬牙干。要诚，要皮糙肉厚，脑筋迟钝。不成功，就要死。现在要改造国家社会，非有傻干的人不行。如有人露小聪明，我不爱。假如有傻不济济的，我说这孩子好，结果一定好，将来能为国家作事。中国人好像个个是大少爷，穿得漂亮，说话漂亮，一遇到难处，就担不住了。也不能受冻，不能挨饿，都是大少爷、大小姐。少爷国是站不住的。你们人人都这么嘱咐自己，"别看我傻，我干，干出个样子来看"。国难到这个地步，你们都是大学生，你们要不成，这个国就没有希望了。所以要恳切、诚挚。

第三个要点，就是努力。要自个上弦，要拿住劲儿，不要上着上着又脱辘脱辘的松。又像打气，噗！扁了。中国人到时候就拿不住了。长江流域的人清秀有余，而敦厚不足。我以为长江流域的学生，应该到北方来上学，十一二月北风刮的顶厉害的时候，顶着北风走，这样顶下来，才能做大事。谈到努力，我真佩服日本人。中国人为什么不行，中国人皮松肉厚。你们都要咬定牙根，紧张又紧张向前努力。

以上所说的三样，就是公、诚、努力。同学里有这样的人，你们要鼓励他，互相鼓励作这样的人。要恳切，在诚，不要净说笑话松话："瞧这小样干嘛，有什么用处！"南开不要这种说缺德话俏皮话的人。南开要的是傻子，不要聪明的。学厚、学傻，要钝。譬如刀吧，磨得很快的，锋刃太尖，这时候不要用。得把他那个尖磨去了，再用就行了。锋利的容易挫，傻的长，可以做事。中国人不如西洋人、日本人的，就是傻和诚不够，太轻飘。弦要自己上，自己打气。现在局面这样，不用先生们讲，你们还不懂吗？这用我说吗？你们认识了环境，努力干。

（《南开校友》第 1 卷第 1 期，1935 年 10 月 15 日）

演剧的原则和精神

张彭春

我们自己也该有个标准。这标准可以从两个原则和四种精神来说明。

（一）两个原则。谈艺术，必须知道两个原则：第一是"一"（Unity）和"多"（Variety）的原则。特别是戏剧，一定要在"多"中求"一"，"一"中求"多"。如果我们只作到了"多"，忘掉了"一"，就会失掉逻辑的连锁，发生松散的弊病。不过，我们只有概念，缺乏各方面的发展，那就太单调，太干燥。这只算达到"一"的目的，没有达到"多"的好处。在舞台上，无论多少句话，若干动作，几许线条，举凡灯光，表情，化装等，都要合乎"一"和"多"的原则。

第二是"动韵"的原则。我们明了了"一"和"多"的原则，还不够用，因为"一"和"多"的道理是静态的。所以我们知道"一"和"多"，有了逻辑的连锁，还须注意到"动韵"。凡是生长的，必不死板，必有"动韵"。舞台上的急缓，大小，高低，动静，显晦，虚实等，都应该有种"生动"的意味。这种"味儿"，就是由"动韵"得来。

得到"多"中的"一"的成绩，要靠理智力；求得"一"中"多"的收获，却凭想象力。如要把握"动韵"，须有敏感。理智力、想象力和敏感，是从事戏剧的主要条件，也是一切艺术的根本。无论写文、吟诗和作画，都要靠理智力、想象力和敏感。有人说，艺术是时代的结晶品，也是因为这个道理。

（二）工作精神。工作精神可分四点来说：一、是"稳"，二、是"准"，三、是"狠"，四、是"群"。"稳"是不慌、深刻。"准"是有一定的安排。"狠"是咬住牙根，拼命的干，要干到"见血""见线"的程度。讲到"群"字，不只剧团的演员、职员，甚至工友都要做到好处。我们剧团里面没有"明星"，个个演员都是主角。

前面讲到艺术的两个原则和工作的四种精神。这原则和精神不只应用到艺术上，也是我们为人作事研究学问的基本。

这次公演，因为物质、时间和训练条件等限制，距离我们的标准还太远。此后自当益加努力。

（《南开校友》第 1 卷第 3 期，1935 年 12 月）

南开精神

赵丹文

在民国六年天津闹过一次水灾，学校迁到法政商学校去上课，但是没有多少日子便恢复了原状，那时我就感觉到了"团结力"的重要，在本校刊物《校风》里发表过一次意见。后来离开学校到了社会，又感出还有四个字"活动能力"的重要。我们在学校里，当然无论何人都觉着学校是可爱的，可是在校外任何人一提到"南开"，尤其觉着特别亲热；所以这样子，全是建在"公"的基础上。

活动是能力的表现。一个人只有"公"的道德观念，只不过是一个无能的好人，在社会上是没用处的，所以还须有知识，能力，并且还要认识社会。

南开精神可以说就是"公能"的结果。有了"公"才能真正团结，有了"能"才能在社会活动；所以我们说发挥南开精神也就是发挥公能精神。什么叫作"公"？"公"就是"私"的反面，与众人共有的事叫作公。孙中山先生的政治界谈里说："政是众人的事，治是管理，政治就是管理众人的事。"也就是说众人的事才叫公，社会要是解组，人一定要灭亡的。

究竟怎样才能达到"公"呢？须要：

（一）走正路。

（二）不存私心。

（三）诚实，不欺诈。

"公"的作法：校长提倡努力为公，第一是个人的努力为公。个人的努力为公，头一样先要牺牲个人的权利，二一样要认清自由主义，三一样要诚实。校长说："我们学校有多少产业，房子值一百多万，地皮等共值二三百万，我也不知这些钱是怎么来的，也不知道是怎么用的。"这正足以表现校长的牺牲个人，努力为公。"自由主义"，校长说："中国人的大病就是'自私'，近来又加上一种外国病'自由'。"孙总理说："余致力国民革命凡四十年，其目的在求中国之自由平等……"是求"中国之自由平等"而不是任何人的自由平等，所以个人为公发展，要知"自由"须为国家，不是为个人。"诚实"：无论什么事，诚实是永远行得开，欺骗是暂时的，这是人人所公认，用不到太解释。

第二个是团体的努力为公。校长有个教人合作的老比喻，是大家都知道的，他的目的就在告诉人要求谋生存，必须团结起来。

什么叫作"能"？普通有二解法：一、是才能之能；二、是能胜任之能。《书经》说，"天下无争能"；《孟子》说："是不为也，非不能也。"我认为"能"有三种：

（一）知识能：人若只能作到公而没有知识，只不过是一个糊涂的好人，我们学校当局对于课程设计的努力，就是造南开精神中的知识能。

（二）组织能：只有知识，容易造成单枪匹马的深入，所以还须有组织能。南开学校特别提倡课外组织，就是为训练南开精神中的组织能。

（三）社会能：校长说，"热心冷脑子"，就是要你以冷静的态度认识社会，以沸腾的心努力为公。社会是非常复杂的，是非常黑暗的，你很难深切的认识他。学校提倡社会视察，就是训练社会能的一部分，其余还要大家体会活的"社会能"，深入里面去，对于社会好的地方，坏的地方，要尽量的指导，处人接物都要认识清楚。

现在我给个结论：

凡事不公则无良好基本观念。

无能力任何事都不能成功。

公能相济才能步入正轨，才是真正的南开精神。

（《南开高中》第 11 期，1936 年）

"干"

孙振鹗[①]

　　时代的巨轮是永续的迅速的向前进行着，人类也是时时在激烈的竞争中进化着。这种动向从来没有一时静止过。构成这种动向的因素，可以说只有一个字，就是"干"。试察人类已往的光荣历史，哪一件不是"干"来的？先贤给与我们的遗产，无论是关于物质方面的或者是精神方面的，哪一件不是他们心血的结晶？哪一件不是他们苦干来的？人类和其他动物不同之点也就在这里。人性是生发向上的，有发扬光大的可能，有苦干的精神。不然，恐怕现在的人类还是过着原始时代的生活。所以我们可以说，"干"就是人类社会进化的原动力。现在世界上所存的一切，完全是"干"出来的。

　　有人怀疑到人生究竟有什么意义，或者说人生有无意义。这种问题很不易解决，因为人生根本就没有意义。然而我们要注意一点，就是不必去追求人生到底有什么意义，最要紧的是"怎么样"才能使人生有意义。从这个观点推论，就可以知道人生的意义是人自己创造出来的，也就是人自己努力"干"出来的。所以：肯"干"，人生就有意义；不肯"干"，人生就无意义。这是很显明的了。肯"干"的人，他觉得活一天就有一天的意义，做一事就有一事的意义。他对于一切事物都乐观，生活态度也积极。另一方面，不肯"干"的人，就觉着人生毫无意义，只是堕落在消极和颓废的巨网里，度着灰色的乏味的生活。要想跳出这种暗网，

---

　　① 南开高中学生。本文写于 1935 年 12 月 12 日。

只有一条路：努力苦干。

现在的中国，内遭天灾人祸的摧残，外受着帝国主义者的蚕食鲸吞。在这种情况下，国家的前途，已危险到万分了。凡是有血性的人，没有一个不是想把将要死去的民族，国家救活来。现在的环境尽管恶劣到极点，但是不应当因此而减少我们一毫的勇气，或者损失我们一毫"干"的精神。只要是人人肯努力苦干，国家民族一定是有希望的。消极，悲观，厌世都是怕艰难怕困苦的表示，这样等于自暴自弃。他绝对得不着"干"的乐趣。而且也是最不可救要的人了，世界绝没有像这样的民族还能继续存在的。所以我们既要"活"，就得"干"。我们要抓住现实，尽心竭力的干我们本身应当干的事业，这是求"活"的根本途径。

宇宙是广大无垠的，而人生只有短暂的数十年，就是从这一点看，我们也应当为人类的幸福勤勤苦苦的干一番。这也就是人生的意义。我们不应当让一分一秒的时间空空逝去，要把它用得有意义。伟大的事业，完全是由于一分一秒的时间积成了若干年而成功的。达文西（Da Vinci）①的名画，《最后的晚餐》（Last Supper），画了十二年。歌德（Godthe）的《浮士德》（Faust）悲剧，从二十岁作起，一直到八十二岁。竟用了六十余年的苦功夫。我们看他们这种为艺术为文学而努力苦干的精神，是怎样的值得我们钦佩和效法。

人在青年时代是充实自己的时候，这是人生最宝贵的黄金时代。过了这个时代，恐怕永远找不到第二个了。青年是国家的柱石，是国家的主人翁。所以从青年对于读书，作事的精神和能力就可以测知一个国家命运的兴衰。个个青年若是读书，作事都能刻苦耐劳，那末国家的前途一定是光明的。不然，也就没有多大希望了。我们都知道欧战后的苏俄和德意志都已经复兴了，就是因为他们全国上下能够团结合作，有组织，有训练，能够一齐苦干。他们的青年都像生龙活虎似的，对公共事业热心，能够吃苦耐劳。难道说我国的青年就不成？这话实在不能使人相信。

---

① 现通译为"达芬奇"。

我们应当要有健全的体魄智力，要养成能"干"的精神。环境好，要尽量利用；环境恶劣，就要改造它。正是俗语所谓"英雄造时势"那话。屈服于环境的是蠢材，反抗和改造环境的才是英雄。中国的革命家孙中山先生，生在孤陋寡闻的翠［亨］村，幼时在阿兄店里作学徒。当他第一次到檀香山演讲民族主义的时候，只有三个人听讲。然而他终久不顾生命的危险和筹款的艰难，而奔走海外呼号革命，结果他才得到伟大的成功。像他这样为国家为民族而苦干的精神，真要使我们钦佩到极点了。不幸得很，已死去的中山先生万想不到现在国家的命运，危险这种地步！因此现在人人都应当知道自己的责任非常重大，这种责任就是救国家，救民族。我们现在不能再犹疑和推诿了，应当把这种责任放在自己的肩上。只要是人人肯诚心的负起这责任，中国绝不会灭亡，在没有担起这种沉重的担子以前，我们首先要养成不怕难不怕苦的硬干的精神。有这种精神，无论作什么伟大的事业，才不至为恶劣的环境所阻碍，才不致为薄弱的意志所动摇。自然也就不晓得什么叫自私自利，悲观无聊；只知道英勇的负起救国家救民族的重责，抱着不怕死的精神，尽自己的心力向前干去。有这种坚忍卓绝的意志，才能在狂风骇浪中不失舵，在千难万苦中不灰心。惟有这样继续苦干下去，才可以在死亡中求到生存，在悲惨的失败中得到成功的微笑。

（《南开高中》第 7 期，1936 年 3 月 19 日）

张伯苓谈绝不气馁

天津南开学校，经已故创办人严范孙先生及现任校长张伯苓博士，四十年来惨淡经营，至今计成立大学、男女中学、小学四部，学生合计达三千余人。其大学、中学两部，竟于前、昨（卅）两日，被日军仇视，以飞机大炮炸毁，中外人士，莫不震愤。本京教育、学术界人士，除教育部王部长昨（卅）晨曾亲向张氏致深切之慰问外，该校留京各校友亦均纷纷前往，向张氏表示对母校极关切之意。记者昨（卅）日下午，亦曾往访，当承接见。张氏首对各方纷致慰问，表示感谢。次谓"敌人此次轰炸南开，被毁者为南开之物质，而南开之精神，将因此挫折而愈益奋励。故本人对于此次南开物质上所遭受这损失，绝不挂怀，更当本创校一贯精神，而重为南开树立一新生命。本人惟有凭此种精神，绝不气馁，深信于短期内，不难建立一新的规模。现已在京成立南开办事处，对于下期开校一切事宜，正赶事筹划中"等语。张谈时态度极严肃，而意志之坚强不屈，可于其目光与谈话姿势中充分表现。

（《中央日报》，1937 年 7 月 31 日）

南开精神

南开大学前、昨两天被日军轰炸，这是黄种人毁灭文明的行为，也是东亚文化史上的奇耻，我们为同种人惭愧惋惜，同时更要表现东亚正统文化的精神。

昨天南开大学校长张伯苓先生的谈话："敌人此次轰炸南开，被毁者为南开之物质，而南开之精神，将因此挫折而愈益奋励。"六十二岁的老人，三十四年中苦心经营的学府，一朝毁灭，而所表现的态度，乃"重为南开树立一新生命"，这就是南开的精神。

伟大的南开精神，伟大的张伯苓先生！正是全国人民今日奋斗中最好的榜样。中国国内一切建设，都可遭遇南开同样的命运，但是对方只能毁灭我们的物质，不能毁灭我们的精神，凭着这种精神，我们终能得着最后的胜利，树立我们国家的新生命。

全世界的文明国家，应该注视东亚最新发生的毁灭文明行为。全国同胞，应郑重记着张伯苓先生的言论。全国同胞要发挥张先生讲的南开精神，这是对张先生最伟大的安慰，也是南开物质毁坏的唯一收获！

（《中央日报》，1937 年 7 月 31 日）

南开万岁

南友

渤海之滨，白河之津，巍巍我南开精神！

汲汲骎骎，月异日新，发煌我前途无垠！

美哉大仁，智勇真纯，以铸以陶，文质彬彬。

渤海之滨，白河之津，巍巍我南开精神！

——南开校歌——

南开精神是怎样的精神，不是一言一语所可包括的，也没有规定的成文信条。但是南开精神是张先生所创造的，抚育的，养成的，因此我们可以由张先生平素的言行里观察出张先生的根本精神，再进一步推演出南开的精神。在此，我们必须认清一件事实，就是：没有张先生，没有今日的南开学校，没有张先生的精神，自亦无从产生南开的精神。

张先生原是学海军的人，甲午之战，先生亲自参加。战败之后，当时朝野人氏多以为中国之败，是败于政治制度之不新，军火器械之不良。张先生则以为仅政制的改良，器械精利，仍是治标的办法。我们固然需要好的政治，而我们更需要创制好政制和能充分使用好政制的人。我们固然需要精良的器械，但我们更需要制造精良器械和使用精良器械的人。

而要造这种人才，惟有从根本上，用教育的力量，来提高民族的文化。张先生四十年来，凤兴夜寐所不忘，宵旰勤劳以从事的教育事业，完全由这信念出发。张先生的精神，是彻底改造的精神。

办学伊始，以及历年扩大发展的中途，每每感到人力物力财力的缺乏，因之困难丛生，然而张先生干下去。北伐成功以前，北方政局多少次的变化，四十年来，中国教育思想和理论，也一日三迁，然而张先生毫不受这些庞杂势力的影响，仍然干下去。国难以来，平津在敌人控制之下过了几年，而南开学校又适在日本营房两边，屡屡遭受无理的威胁和干涉，然而我们的张先生不为所动，领导着三百老壮同人，三千少幼学生，仍然直干下去。并且使南开大学在救国运动上，占有和北平北京大学同等的位置。到今天南开大学中学已因敌人的嫉妒而被轰炸成一片瓦砾了，我们知道张先生仍然在干下去，不久的将来，要给南开创造一个灿烂光明新的生命。张先生的精神是坚定不移，专和恶潮流暴风雨抗战的精神。

张先生成功有很多年，意外功名利禄的机会，不知遇到多少。作者曾记得一次天津市长的位置，送到张先生门上，各报纸也已登载着新市长的照片，但张先生到如今仍只一个南开学校校长，始终不曾在官场中过生活。南开学校由几间小房子已长到拥有千百万金大建筑的文化机关，而张先生的住宅，仍是一所平房，平时大布衣着，出入一辆人力车而已。有一次，张先生对学生说："我没有财产，你们就是我的财产。"是的，张先生平生的精力都消耗在培植人材，教育学生的事业上，那么这一个个活泼泼的南开青年，除了是他们自己的父母的子女而外，不是张先生的财产是什么？张先生虽没有多少田房陇亩，但他有一万以上的中年青年学生，做他平生心血的寄托者，做新中国各界的奠基石，张先生是中国第一大富人！张先生的精神是热诚的，大公无私，专为国家社会服务的精神。

四十年来，张先生在南开实现了不少教育制度或方法上的改进，在全国各学校中，始终居于倡导提携的地位。张先生在十几年前，首先从事开发东北，输送多少人材，帮助多少力量，去巩固我们东北国防上各方的建设，一直到东北沦陷为止。近几年来，张先生又复开始参加改造新的四川，预备把蜀中优秀的青年，施以完美的教育，使他们成为新中国的基础分子，于是劈〈披〉荆斩棘地创设了南渝中学，把南开的风气，带到西南。现在这伟大而艰难的工作，又著著实现了。张先生四十年来，始终是在创造着，开发着，领导着。张先生的精神，是创造的，开发的，领导的精神。

作者是才离开中学不久的南开学生，以年纪之青，认识之浅，笔下所能写出来的当然未足以当张先生精神的全部之十一，然而作者相信这是张先生四十年来事业成功的基础。四十年了！张先生用诚恳的态度，热烈的感情，坚定的毅力，把他的伟大灌输给南开同人，灌输给南开的学生，造成了南开的精神。这一批一批的学生，又复带着南开精神，回到他们的家庭，踏进了社会。四十年了！中国现在文化界、实业界、政治界、经济界及其他各界的巨子闻人，不知有多少是南开的学生，受过张先生的教训和感化。而这些人又不知教训感化了多少后生。四十年了！南开精神深深地、普遍地散布在中国社会里，永远不能磨损，毁灭！与国家同庆，与民族共存！

南开有如此的精神，才有今日对社会文化学术上的贡献。也就因此引起敌人的嫉妒，处心积虑的破坏，于是藉华北事变的机会，以为抗日运动的根据地为口实，首先施以轰炸，继之以纵火。这中国最大文化机关之一，就这样地遭惨毒手！

然而，南开物质的毁灭，是可以恢复的，南开精神的继续发扬存在，是不能毁灭的！未遭轰炸以前的南开精神，是中国文化史上的光荣，被轰炸以后的南开精神，是世界文化史上的光荣。根据以往南开学校每遭一次挫折，事后必发展一次的经验，我们可以预测南开光明的未来！

南开是张先生受甲午战后的刺激而创设的，所以南开自有生以来，就是抗日的。现有的南开是破坏了，然而三年、五年、十年之后，我们将看见四十年来张先生抗日的结果——敌人的毁灭，中华民族的复兴！

（《国闻周报》第 14 卷第 32 期，1937 年 8 月）

抗战的态度①

张伯苓

论吾人对今日抗战之态度及认识一问题时，吾人应先理解今日之中国，已为新中国，吾人已变成新中国人。以前吾人均有三大病：一为"怕"，二为"退"，三为"难"。即遇事来即怕，怕而退，退即觉所有各事都难，结果什么事都办不成。自从抗战爆发以后，可以证明国家是变了，第一因不怕日本凶，再即不因日本之用强力压迫而退却，三不顾一切艰难，向前迈进。

中国此种情形，较之昔日非改变而何。即吾人亦如之。中国现时之抗战，实占有绝对有利之条件，经济政治外交三方面，均有利于我，而无利于日本，中国只要打，一切都有办法。无论如何想，中国都不会亡国。中国历年来进步不易，其原因是中国是大国，故要亡中国，因其大，故亦不易亡之。余希望大家自己应了解己变为一新国民，但希望注意不要使身体成新的，而留下一对旧成分或剩下一条尾巴在身上。中国之领袖的进步，实一日千里，余已自己感觉追逐不上，希望全体同学当努力力追云。

（《大公报》汉口版，1937 年 9 月 27 日）

---

① 本文为张伯苓在武汉对南开校友的谈话。题目为编者所拟。

祝南开

凶残的敌人。毁了旧南开校舍，却更发扬了新南开精神，不看重庆今天的纪念会，是怎样伟大与热烈！

南开其实是因祸得福了，失了几栋校舍，却得了救国教育的真髓，今后张伯苓先生领导的南开教育，其贡献国家民族之大，将更超过以前几十百倍。

岂止南开，凶残日阀，其实是援助中国不小。中国因有暴邻之故，而了解人生，而觉悟民族不奋斗则灭亡的至理。换句话，从此实实在在，明白了国防至上主义，知道无国防就不算是人类！这种活教训，我们该怎样感谢呢？新南开就是代表这种民族觉悟而兴的，大家不怨暴寇，且痛切鞭挞自己罢！

（《大公报》汉口版，1937 年 10 月 17 日）

全国校友继续奋斗

　　南开学校校长张伯苓博士，日前由湘过汉返渝，主持该校今日在重庆南渝中学举行之复兴纪念盛会。张校长昨日致电本报，说明今后为学校为国家继续努力之决心，并请转达该校全国各校友，一致奋起，兹志原电于次：

　　汉口《大公报》鉴：

　　　南开被毁，精神未死，本月十七日为南开中学三十三周年，南大十八周年，南开女中十五周年，南开小学七周年及南渝中学一年周年纪念，均在重庆南渝中学，盛大举行。

　　　南渝本年有学生七百余人，新建校舍有女生楼，科学馆及宿舍等，前途发展，甚有希望。教育报国，苓之夙志，此身未死，此志未泯。敌人所能毁者，南开之物质；敌人所未能毁者，南开之精神。兹当南开学校周年纪念之日，极望全国南开校友纪念学校，本南开苦干之精神，为国家民族努力。

　　　现敌焰仍炽，国难严重，我全国民众，均应有前方将士壮烈牺牲之精神，一致奋起，共同抗敌。矧正义人道自在人心，国际情势已呈好转，苟我能真诚团结，继续奋斗，任何牺牲，在所不惜，则最后胜利，必属我国，中国之自由平等，必可得到，津校复兴，深信亦必能于最短期间内实现也。

　　　苓新自湘归，精神甚兴奋，极欲借贵报之力，将此意传达全国校友，不胜拜祷。

　　　　　　　　　　　　　　　　　　　　张伯苓

　　又本报同人昨电复张校长，致该校复兴纪念，文云：

　　重庆南渝中学张伯苓先生道鉴：

　　今日值贵校复兴纪念盛会，敝同人谨祝南开精神昌盛永久，愿随先生及贵校师生校友之后，共同努力，效忠祖国，归津之日，再另为南开复兴致贺。《大公报》同人效。

（《大公报》汉口版，1937 年 10 月 17 日）

必须要具备"公""能"两件修养功夫[①]

张伯苓

我心里真愉快极了，绝不是许多关心南开的人们所料的那样。有什么值得伤心的呢？房子毁掉！算了！再盖更好的！他们毁掉天津的南开，许多更活泼更有希望的南开又开始在各处成长起来。在四川，我们又添了一个小妹妹——南渝中学——大家有机会都可以去看看，还不到一年的功夫，无论在物质方面，精神方面，一切都已经超过原来的南开多多了。事情只要去干，有什么不可以成功的呢？所以我说，如果中国人个个肯像我这样傻干，干什么都成。你说那一件我们中国人比不上人家？你说我们拼不过日本小鬼？

……

我们必须要具备两件修养功夫：第一是"公"，第二是"能"。无论在学校、社会、国家，以至世界里，不公绝对不行，如果个个人都为私，那前途便只有黑暗！中国几千年来就是讲究"私"的人太多了，所以才弄得那样糟。还有，既做到"公"，自然也连带着做到"平"，无论做哪一件事，不平终归是不行的。目前的世界正在慢慢改进着，当然有一天总走到"公"的路上去。其次说到"能"。说"能"并不是希望要有多么大的技术的意思，我所说"能"是要"能"干，肯吃苦。一生肯吃苦，有什么不可以成就？

（《抗战周刊》第 1 卷第 15 期，1937 年 12 月 18 日）

---

① 本文为 1937 年 1 月中旬张伯苓在长沙临时大学所在地长沙圣经学校的演讲，摘自何懋勋的《张伯苓先生》一文。

抗战建国与南开精神①

周恩来

抗战十八个月以来，我已打下抗战必胜之基础，而在争取胜利中又已奠定建国的基础。南开传统的精神为抗日与民主，为苦干、穷干与实干，值此抗战转入第二期之际。望各校友发扬此种可贵的南开精神，为抗战建国而努力。

（《新华日报》，1939 年 1 月 10 日）

---

① 1939 年 1 月 10 日南开校友会上的演讲。

战斗着的南开精神[①]

王仲颖

（前略）

如果说：全中国每个充溢着抗战气氛的角落里，都飘荡着南开精神的话，那陕北这个寒风凛冽的地方，当然也不会例外！

在这个抗战气焰最浓漫的地区里，在这大批培植直接抗战干部的场所，正如全国各个战场，各个游击区及各个抗日后方一样，有南开的精神在飘荡着，有南开校友足迹遍踏过每一个山头，野麓，⋯⋯这些人，生活在吃小米，睡窑洞的生活里，都充分发扬着母校的精神。他们在艰苦里工作，在斗争中学习，从不敢片刻的气馁。谁也没有表现过一丝畏缩。

虽然没有经过很详细的调查，只据知道行踪的来说，如今在陕北的校友，已经有三十多位了。这些人中包括了一九三五、三六、三七、三八、四五个班次和大学部一少部分同学。这些人，有的在八路军总政治部与后方供给部服务，有的在抗大与陕公工作，还有一大部分在抗大学习。这些人都摈弃了过去舒服的生活习气，发扬着"为公"与"苦干"的精神在工作，在学习。工作者莫不艰苦负责，学习又都那么紧张，那么积极，表现出团结精神。这些人在抗大革命友爱的藉慰中，更为那一缕永远不断的南开精神联系着，通着母校或校友的行踪与消息。有些校友的消息，听了让人兴奋。也有些校友消息，报告出来会使人惋伤！

杜棣之，这是一位南开老史地教员，有些校友当还不曾忘记五六年

---

① 陕北校友通讯。本文 1939 年 2 月 5 日作于抗大。

前，在中楼上他哼哼讲课的情景。抗战能改变一切，如今杜先生却来到抗大和他从前的学生一齐坐在露天底下，用心的学习着抗日的理论与技术了。在旧日的印象里追忆到的，是一位温尔文雅的中年教师。当今出现在眼前的，却是一员发髯满面，神采英武的老战士了。这老战士人老了，但那颗耿耿为国的心却不老，三四个月前，暂时离开河北原野上那支自己领导的农民游击队，跋涉了一个多月的时光，到陕北来。如今已经负着所学的抗日战略与战术，重返队伍，领导那支农民武装，和敌人再度周旋去了！

这老校友神采毅毅〈奕奕〉的讲述着那平原上战斗的壮绩。但那赤铜色的童额，已呈显着皱纹，眉鬓也有点斑白了。偌大的年纪，更忠心耿耿的为国动劳，这是中华民族自卫战斗将获得胜利的部分保证。是南开之光荣！

随着这老校友风尘仆仆踏上征途而来的，是一个噩耗。一九三五班的校友张英林壮烈殉国了。这是一个南开高材学生，一个英俊小伙子，一个中华民族解放的战士。三四个月前，他正将在抗大毕业。在延安这古城的一个角落里，曾兴奋和好朋友纵谈着将到东北去建立抗日根据地的雄志。没有意料到当他们通过同蒲路到东北去的首途，便与敌人打了遭遇战，于是如一颗流星坠经天际，一条少年英雄与一腔救国的壮志同时殉了国。这消息正如一支箭刺伤了好朋友的心。同时又像一道彩虹划过长空，辉耀着紫色的光芒煊染在南开的历史上！

抗大这次往敌后方迁移，把抗大扩展到华北的举动，是一件壮烈的事迹。抗大二分之一的人员，要渡过黄河去，建立几个分校。一个在晋东南，一个迁冀察晋边区。两条队伍都要通过敌人的封锁线跋涉一个多月长途，才能到达目的地。两条队伍都需备受长征路上的困苦。但两条队伍里都有南开精神在。两条队伍所过的山坳与河道，都有南开校友的足迹。南开的老校友傅大陵和一九三八班的张志学、陈祖谦等同志，已经踏上冀察晋的征途了！他们走时那么豪爽那么刚毅！……

这次抗大扩展到华北去，对无数那平野上的青年，该是有很大意义的。也许在那斗争的环境中建立起来的抗大，会给正在苦闷彷徨中的平津及各个大小城市的青年，撑起一盏明灯！想不久的将来，会有些个青年乔装驰奔向明灯的路上。我估计到那路上也定会有南开校友的足迹！

现在留在陕北抗大快毕业的南开校友，还有十几位，这十几个人，都已决心献身到保卫大西北的事业上。他们正在锻炼着，准备着，也许在不久的将来，西北危机时，会有一支游击部队，驰奔转战在八百里秦川中，攀跋伏击在峦峰险峻的秦岭上。那该是南开精神配合着敌我相持的抗战第二阶段，在准备着向敌人反攻的时机了。

正如老校长所说："敌人毁灭了南开的物质，毁灭不了南开的精神。"南开的雄伟的建筑，虽然为敌人毁灭了，但配合着整个的抗日战争，南开的精神充溢在全国每一个角落中。南开的校友参加到每一个抗战的部门里。他们有的在抗战后方艰苦的从事抗战的生产建设和积极的努力建国的准备，有的英勇的与敌人搏斗在战场上，有的正在准备着和那支疯狂的法西斯野猪作生死周旋，有的则已经壮烈的殉了国！

这一切，不但充分的发扬了南开伟大的精神，并给这精神充实了新的战斗的内容，这一切，正如我前面所说：是中华民族抗日自卫战争将获得胜利的保证中的一环。这一切，更将使南开在中华民族解放的历史，渲染着一派紫色的光芒！

（《南开校友》第 4 卷第 5 期，1939 年）

蜀光高中第一届毕业纪念册序①

喻传鉴

　　蜀光中学赖地方人士之维护，在校同仁之奋勉，改造迄今，规模粗具。光阴荏苒，倏尔三年，感韶华之易逝，愧绵薄之未殚，回首前尘，曷胜惘惘！今夏高初级各有数班毕业，高三诸生念行将离校也，印纪念册，嘱予题叙。予念中学教育于青年前途关系宏切，卒业高中，相当于古学七年小成之程度；既本校训时以"公""能"二字相勖，兹复列三义，为诸生勉！

　　一曰崇实以端风趋也。我国兴学数十年，其为世所诟病者，莫若士习轻浮四字，轻则流为儇薄，浮则极于糜烂，翩翩少年，黠慧是矜，交往莫接忠诚，归趣惟求享乐，启之以智，智未浚而性已漓，广之以才，才未华而本先拨，遑论高深之学乎？近年国人群目工艺之学为实学，固矣。然使不端其趋向，尽涤其旧污，其所学者固与诵习之业殊科；而其所以为学者，恐无或异，骛名牟利，假为阶梯，于学何有乎？须知学为禽犊，则无往而非虚；学能力行，则无在而不实。今后，青年应刊落声华，返诸朴素，一矫已往轻浮之习。胸襟淡定，绝外慕之缘；卓越历行，有恬悦之趣。而后学风刚健，居安资深，则美材自蔚起于邓林，瑰宝必映发于华岳矣。诸君为本校高中首届毕业生，应树之风瓌声为后楷则，其道何如矫浮以崇实乎？

　　一曰敬己以赴时艰也。人勿论将从事于何种事业，首应修己以敬，

---

① 本文作于 1941 年。

生活态度务求严肃。前此青年当其热情激动时，谁非爱国志士？徒以不知所以爱国之方，而忽焉自慢，以是在校不敬己业，以敷衍功课为能，出校不忠己事，以规避责任为巧；终身奔逐，而漫无服务精神，惟日营求，时自鄙夷其业务；贵远贱近，见异思迁，驯致社会上呈一种业无定才，士无专业之现象，在个人固难有所建树，在国家岂非重大损失乎？尝闻西人之从业也，往往父子相继，终身以之。是以治一业则日起有功，攻一学则世济其美，一器之发明，乃由多数人心血所萃注，一理之证实，乃自数十寒暑流汗所沃启。今我国人多以一身而骛百事，辗转迁流，自甘浪费，夫何足以任艰巨乎！诸生生长于民族复兴根据地，而求学于神圣抗战期间，其所自期许者，当不后人，而将来自效之道，计莫捷于敬己以迄功也。

一曰创新以宏志气也。我族文化，迄今已入蜕变时期，而启创新之运，吾人今后之努力，应尽席前人遗产，而吸取他人之所长，消融孕化，以创新民族新生命。愿国人以此相号召者，则往往以稗贩移植为创新，而笑他人不尔者为固陋，殊不知照样模仿，其与竺旧不化者，只有纵横之别，其为因袭一也。必谓在彼为因，在此为创，岂非朝三暮四之见乎？故青年欲有所为，必须根绝人类惰性，不存一毫偷巧之念，不做一点倚赖之想，事不为则已，为必求其精完；学不治则已，治必穷其究竟，有若殷人之铸铜器，形制各殊，变化多端，而无一同范；杜甫之写诗史，篇章映带，声情茂美，而无一复笔。如此，真正创新之精神乃见。有此种精神，乃能袭光荣历史而不骄，临困难环境而不慑，处处求尽其在我，而事业以成。诸生肄业于敌机轰炸声中，而本校物质建设多为所毁，其损失将于何取偿？诸生果因而激起创新精神，以从事于志业，所得不已多乎？

总之，人生活动，自业有限而共业无涯。生命价值，不在个人而显于全体，此犹涓涓之水，有源而不息，汇为江河，及其朝宗于海，烟波浩淼，鱼龙出没，遂呈伟观。吾人能量虽微，然苟能崇实以定趋，敬己以效用，创新以宏才，孟晋不懈，死而后已，安知吾族声光，不由此涓涓不废之功所灌溉，而永久焕发于两间者乎？

（宋璞主编：《喻传鉴在重庆》，重庆：重庆出版社，2008 年，第 179——181 页）

蜀光中学第二班毕业纪念刊序[①]

喻传鉴

民国三十一年夏，蜀光中学高中第二班毕业，盖余忝长蜀光，倏已四年矣！同学诸子以离校期近，印册留念，来问序于余。为草此短文，作为临别赠言可，作为吾人共同信条亦可。

一、吾人信：求学是为救国，不是为个人谋福利，为家族争光荣。将来学成，服务社会，须时时事事以国家民族利益为前提。

二、吾人要救国，第一，须有爱国心，肯为国家牺牲；第二，须有爱国力，能为国家服务。有心无力，无补实际，有力无心，人所共弃。

三、思想是行为之原动力，志愿是和行事之总目标。吾人要有准确的人生观，坚强的信仰心，作为一生立身处世之原则。

四、社会缺少正义，公道待人主持，恶势力必须铲除，坏风俗必须改正。吾人是社会中坚，民众领导，须抱着见义勇为之精神，负起移风易俗之责任。

五、要做傻子，不可学聪明人。中国聪明人太多，傻子太少，吾人信："傻干"是成功的基本条件。

六、天下事无一蹴即就，亦无侥□成功之理。事无论大小，必须脚踏实地，埋头苦干，用力既深，其成效自见。

七、诚字是处世要诀。真诚做事，热诚待人，将无往而不利。反是，圆滑取巧，投机趋时，即或一时盗名欺世，阴谋得售，最后终难逃世人

---

① 本文作于 1942 年。

之谴责。

八、虚心是进步之要素，人不能虚心，必傲物骄人，因而自满自足，故步自封，将永无进步之望。

九、学无止境。吾人求学，须有"人一己十，人十己百"之精神，"日知其所己，月无忘其所能"之态度。吾人非上智与下愚，锲而不舍，终有成就。

十、青年时代，是一生黄金时代。为学基础，一己品行，都在这时期内打好养成，要争取时间，宝贵光阴，不可有一点耽误，亦不可有丝毫浪费。

右列十条，是一时感想所及，拉杂书成。苟能服膺勿失，彻底实行，于立身处世，必大有裨益。国难正殷，浩劫未已，振废起衰，多在吾侪。同学诸子，其亦勿负诸师长之期望欤！

（宋璞主编：《喻传鉴在重庆》，重庆：重庆出版社，2008年，第181—182页）

南开精神①

范祖珠

　　南开精神何在？潜移默化在师生的言行动静中，表现在学校行政、训育、教务以及各种活动里。从创办到现在，三十八年如一日，形成今日之校风、校格和校誉。

　　三十八年前的南开学校，藉严范孙先生家以为校，其时仅屋一椽，学生十数人，校长张伯苓先生亲自授教。及满清末年，政治窳败，伯苓先生志以教育救国，乃约二三知己，创建天津南开学校于华北。成绩昭然，莫用褒扬。抗战初起，伯苓先生卓然徙校于重庆沙坪，建重庆南开于嘉陵之滨，设备完善，教训严格，图书充实，校舍巍伟而庄严，一切设施均以天津南开为依归。青年学子乐往求学者千七百余人，男中女中共六级三十六班。追昔鉴今，三十八年，发展如是，诚以元气未丧，精华日增之故。

　　《传》曰："其身正，不令而行；其身不正，虽令不从。"校长伯苓先生为人仁蔼慈祥，豪迈而严肃。有毅力，有卓见，士咸乐为之用，故能贯彻其精神及于全校师生。然而天下事凭一人之力不足有成。南开固幸有贤明校长，亦庆有精明干部，故南开的行政机构，可称健全。南开藏书二万卷，仪器足用，所以南开的科学教育可以实验与教本密切配合，不致有纸上谈兵之讥。

　　南开教师，在比较严格的标准下选聘。负责勤教是他们的共同精神。

---

① 纪念南开三十八周年校庆。

如严父如慈母和学生生活打成一片，而学生敬师爱师也能相与感应。

整个南开的教学历程，自行政至训教各方面表现出和谐的旋律和笃行的毅力。加以南开是私立的，不受行政当局更移的影响，所以南开更具有稳定性。三十八年以来，在稳定安宁的环境中，有计划的校政下，其成绩是累积而递进的。或谓"南开是贵族的学校"，其实不然。南开学生多半来自富庶之家，实际潜伏着许多清寒子弟。学校生活简单朴素，无贫富分野，个个布衣素食，在艰苦生活中受战时教育的锻炼。南开最艰苦的是教师，然而他们不忍舍离南开，另寻待遇稍厚的工作。他们对南开有了感情，他们视南开如生命。

南开学生来自高级知识分子家庭，因为先天的优越，后天环境的优良，家庭教育的良善，无形中增加了学校教育的效能。大体说，南开学生天资聪颖，天真活泼，深思勤学，忠厚笃诚，勇毅仁侠，素而有华，卓异庸俗。他们能吃苦耐劳，有坚忍不拔之毅力，有勤学不懈之精神。他们对知识的吸收力大，消化量强；不怕难，尤其不怕考。他们能动能静，在操场上英勇壮健，活泼生动；在实验室里潜心研究，精心观察；在自修时肃静而无哗；上课时专心致志，精神饱满。

南开校友富有团结精神，关切之情，有若手足。南开毕业生如升学，十之八九可以录取；如就业，则能劳，能谦，能思，能诚；其留学回国的校友在社会各部门中多能发生宏大力量。所以南开的校誉，校格也便在一批批校友们的学行和工作成绩中，日渐增高。今夏投考南开新生有四千余人之多。南开能有今日的声誉，非一朝一夕之功，学校的灵魂则全在于精神。

在今日南开三十八周校庆，敬祝南开精神无疆，为国育才！

（《大公报》重庆版，1942 年 10 月 17 日）

联大六周年纪念感言[①]

陈序经

今年十一月一日，是国立西南联合大学的六周年纪念日，我回忆六年来的经过，免不了有多少感想，因而草成此篇以志不忘。

联大的当局，虽因民国二十六年的这一天是联大开始上课的日子，而定为校庆，然而联大的诞生，却在这个日子之先，民国二十六年八月十九日，教育部在南京召集北京、清华与南开三个大学的负责人开会，决定这三个大学合并为国立长沙临时大学。我们可以说，这一天就是联大诞生的日子。

我们知道自七七事件发生以后，国立大学，私立大学，以至教会大学之合并或计划合并为联合大学的，并不只是北京、清华与南开这三个大学，然而有的合并以后而分开，有的始终没有合并，只有国立西南联合大学，至今还是一个联合大学，所以"联大"这个名字，现在已变为国立西南联合大学的特有的名字。

其实，联大不只在名义上是一个联合大学，而且在事实上是等于一个大学，然而联大之所以能够这样，不外是因为这三个大学的当局，同事，以至同学，有了真正的合作的精神。

我记得自教育部与三校负责人决定三校合并为国立长沙临时大学的次日，我就离开南京而到长沙。我到长沙的时候，因为筹备"临大"的负责人还尚未到长沙，我因为在旅馆住得不便，乃到湖南教育厅问朱经

---

① 谈联大的精神。

农先生，我能否搬入长沙圣经学校居住，朱先生告诉我道：圣经学校虽已商定为"临大"校址，可是"临大"能否成立，还是一个问题，我得到这个回答之后，只好迁到青年会居住。

我要指出在那个时候，不只朱先生不能预料临大能否成立，就是一般的教育界的人士，以至北京、清华与南开这三个大学的同人，也很怀疑"临大"的能够成立。因为这三个大学，不只因为历史，环境，学风，都有不同之处，而且因为经费上的支配，课程上的分配，以及其他的好多问题，并不容易解决。然而经过两个余月的筹备，国立长沙临时大学，终于十一月一日上课。

南京失守以后，长沙人心恐惶，这个时候，教育部的主管当局也有变动。外间传说"临大"就要解散，然而事实上，所谓临时大学的"临时"性质，反而改为比较永久的学府。我们从湖南迁到云南，我们的长沙临时大学，遂改为西南联合大学。

而且，在长沙的时候，因为是临时性质，我们只分为二十余系，到了云南之后，把各系归入四个学院，这就是文、理、法商、工四院，后来又加了一个师范学院，而成为五个学院。现在从行政的系统来看，联大可以说是一个大学，而这三个大学之所以能够联合，而成为一个大学，正如我在上面所说，不外是因为这三个大学的当局，同事，以至同学们，有了真正的合作的精神。

我们有三个校长，现在是叫作常务委员会委员，这就是蒋孟邻、梅月涵与张伯苓三位先生。张伯苓先生年来因要调养身体，少到昆明，他常常告诉蒋孟邻与梅月涵两位先生"代我的表"。蒋孟邻先生却很客气的叫张伯苓先生为"老大哥"。至于蒋孟邻先生，是南开的第一班毕业生，他与张伯苓先生的关系的密切，是用不着说的。

张伯苓先生既很少来昆明，主持联大的事务，在实际上，是得力于蒋孟邻与梅月涵两位先生。同时，在他们两位之间，前者是偏重于对外的事务，而后者是偏重于对内的事务。他们真可以说是尽了分工合作的能事。而且他们三位，曾一再声明，在抗战未得最后胜利之前，这三个大学是决不会分开的。我们回想六年以来，每当联大遇着困难较多，环境较劣的时候，如从长沙迁来昆明，如前数年的轰炸，如去年缅甸失陷之后，□间每每传说联大的，三校就要分家，然而事实却恰恰相反。因为在困难愈多，环境愈劣的时候，我们的合作精神，愈能表现出来。

我们三位校长的合作精神，固是随处可以看出来，我们的同事之间以至师生之间的合作精神，也是随处可以看出来。我们在最初合并的时候，在同事之间，比较困难的问题，是功课上的分配，因为有些同样的科目为数校数位同事所专长，而同时又有些必修科目，未必为三校同人所愿意教授，然而这些问题，经过同人的接洽之后，都很容易的解决了。同事之间在这数年来过从之密，是超了所谓校与校间的界限。在同学之间，在最初三四年间虽尚有北大、清华与南开之分，然而上课食宿，并没有这种区别。近二年来，我们差不多完全只有"联字号"的同学，而没有三校之分。至于师生之间，六年以来可以说是很为融洽。记得二年前，同学对于总考声言反对，但是经过教授分别劝告之后，总考也终于总考了。

联大之所以成为联大，除了有了真正合作精神之外，又有其真能吃苦的精神。我们知道这三个大学，在北平天津时候，不只学校环境较好，而且教职员以至同学的生活也较为优裕。离开平津以后，而特别是到了昆明之后，因为物价的增涨，薪酬的低薄，不只比之以往的生活有了天渊之别，就是比之昆明一般的车夫工人的收入，尚且不如，故其困苦的情况，可想而知。不久以前，一位同人因为有了小孩，太太不能工作，不得已而请老妈。可是加了老妈一个人吃饭，米不够吃了，他自己只好吃稀饭。有一天老妈问他为什么老不吃饭，他不好意思说出实在苦处，只好告诉她，因为胃痛不能吃饭。然而因为这样，他的身体日弱一日，结果是害了一场大病。其实，假使他愿意另找职业，他必不致若此之苦。这不过是一个例子。就是我们的校长的太太，也不得不到外边找事情做，以资弥补。至于同学方面的经济的困难，也较甚于别的大学的学生。又如他们从前从长沙步行几千里而到云南，也是这种吃苦的精神的表现。

联大的师生，虽然很困苦，然而联大的教授，尤其是三校的同人，很少离开了联大。又自缅甸失守，越南被占之后，交通虽很为不便，可是学生之负笈到联大求学的勇气，并不因之而消沉。比方：去年我们招了六百余位新生，本来预备二分之一至三分之一，是因生活太贵与交通不便而不能来的，然而他们差不多通通都来了，结果是使宿舍、课堂，都成了很大的问题。

联大本来是国难的产儿，而在国难的时期里，学校方面既又有了很多的校难，同人方面又受了不少的困苦，可是联大之所以成为联大，也就是我们能以真正的合作的精神，去征服我们的困难，去忍受我们的困苦。

（《大公报》重庆版，1943 年 11 月 1 日）

南开的创校动机、办学目的与训练方针①

张伯苓

本年十月十七日，为南开学校四十周年纪念日。校友及同人佥以胜利在望，复校有期，值此负有悠久光荣历史之纪念日，允宜特辑专刊，一以载过去艰难缔造之经过，一以示扩大庆祝之热忱！嘱苓为文纪念，爰撰斯篇，以寄所怀。

南开学校成立于逊清光绪三十年（公元一九〇四年），迄今已四十年矣！此四十年中，苓主持校务，擘划经营，始终未懈。以故校舍日益扩展，设备日益充实，学生日益众多，而毕业校友亦各能展其所长，为国服务。凡我同人同学，值此校庆佳节，衷心定多快慰！而对于四十年来，为学校服务之同人，爱护学校之校友，与夫赞助学校之政府长官及社会各方人士，尤应致其莫大之谢忱！盖私人经营之学校，其经济毫无来源，其事业毫无凭藉，非得教育同志之负责合作，在校或出校校友之热烈爱护，与夫政府及社会各方之赞助与扶持，决不能奠定基础而日渐滋长也！南开学校四十年之发展，岂偶然哉！

兹当南开四十周年校庆佳日，吾人回顾已往之奋斗陈迹，展望未来之复校工作，既感社会之厚我，倍觉职责之重大。爰将南开创校动机、办学目的及训练方针分述于下。

一、创校动机

南开学校之创办人，为严范孙先生。先生名修，字范孙，为清名翰

---

① 节录自《四十年南开学校之回顾》。

林。为人持己清廉，守正不阿。戊戌政变前，任贵州学政，首以奏请废科举，开经济特科，有声于时。政变后，致仕家居。目击当时国势阽危，外侮日急，辄以为中国欲图自强，非变法维新不可，而变法维新，又非从创办新教育不可。其忧时悲世之怀，完全出乎至诚。凡与之交者，莫不为之感动。

光绪二十三年，英人继德、俄之后，强租我威海卫，清廷力不能拒，允之。威海卫于甲午战时，为日人占据，至是交还。政府派通济轮前往接收，移交英国。其时苓适毕业于北洋水师学堂，在通济轮上服务，亲身参与其事。目睹国帜三易（按接收时，先下日旗，后升国旗，隔一日，改悬英旗），悲愤填胸，深受刺激！念国家积弱至此，苟不自强，奚以图存，而自强之道，端在教育。创办新教育，造就新人才，及苓终身从事教育之救国志愿，即肇始于此时。

翌年，苓离船，接严先生之聘，主持严氏家塾。严先生与苓同受国难严重之刺戟，共发教育救国之宏愿。六年后（清光绪三十年十月），严氏家塾，乃扩充为中学。此南开学校创立之缘起也。

二、办学目的

南开学校系由国难而产生，故其办学目的，旨在痛矫时弊，育才救国。窃以为我中华民族之大病，约有五端：首曰"愚"。千余年来，国人深中八股文之余毒，民性保守，不求进步。又教育不普及，人民多愚昧无知，缺乏科学知识，充满迷信观念。次曰"弱"。重文轻武，鄙弃劳动。鸦片之毒流行，早婚之害未除，因之民族体魄衰弱，民族志气消沉。三曰"贫"。科学不兴，灾荒叠见，生产力弱，生计艰难。加以政治腐败，贪污流行，民生经济，濒于破产。四曰"散"。两千年来，国人蛰伏于专制淫威之下，不善组织，不能团结。因此个人主义畸形发展，团体观念极为薄弱。整个中华民族有如一盘散沙，而不悟"聚者力强，散者力弱""分则易折，合则难摧"之理。五曰"私"。此为中华民族之最大病根。国人自私心太重，公德心太弱。所见所谋，短小浅近，只顾眼前，忽视将来，知有个人，不知团体。其流弊所见遂至民族思想缺乏，国家观念薄弱，良可慨也。

右述五病，实为我民族衰弱招侮之主因。苓有见及此，深感国家缺乏积极奋发，振作有为之人才，故追随严范孙先生倡导教育救国，创办南开学校。其消极目的，在矫正上述民族五病；其积极目的，为培养救国建国人才，以雪国耻，以图自强。

三、训练方针

南开学校为实现教育救国之目的，对于学生训练方针，特注重下列五点：

一曰，重视体育。强国必先强种，强种必先强身。国民体魄衰弱，精神萎靡。工作效率低落，服务年龄短促。原因固属多端，要以国人不重体育为其主要原因。南开学校自成立以来，即以重视体育，为国人倡，以期个个学生有坚强之体魄及健全之精神。故对于体育设备、运动场地，力求完善；体育组织、运动比赛，力求普遍。学生先后参加华北、全国及远东运动会者均有良好之成绩表现。但苓提倡运动目的，不仅在学校而在社会，不仅在少数选手，而在全体学生。学生在校，固应有良好运动习惯；学生出校，应能促进社会运动风气。少数学生之运动技术，固应提高；全体学生之身体锻炼，尤应注意。最要者学校体育不仅在技术之专长，尤重在体德之兼进，体与育并重，庶不致发生流弊。故体育、道德及运动精神，尤三致意焉。

二曰，提倡科学。我国科学不发达，物质文明远不如人。故苓当办学之初，即竭力提倡科学。其目的在开启民智，破除迷信，借以引起国人对于科学研究之兴趣，促进物质文明之发达。今者科学与国防建设发生密切之关系，无科学无国防，无国防无国家，愈见提倡科学之重要。惟是科学精神，不重玄想而重观察，不重讲解而重实验，观察与实验又需有充分之设备。南开学校在成立之初，苓即从日本购回理化仪器多种。其后历年添置，令学生人人亲手从事实验。犹忆民国初年，美国哈佛大学校长伊利奥（Dr. Elliot）博士来校参观，见中学有如此设施，深为赞许。盖以尔时中学内有实验设备者，尚不多觏也。

三曰，团体组织。国人团结力薄弱，精神涣散，原因在不能合作与无组织能力。因此学校对于学生课外组织，团体活动，无不协力赞助，切实倡导，使学生多有练习做事、参加活动之机会。而苓所竭力提倡之各种课外活动，有下列数种：

①学术研究。如东北研究会，天津研究会，科学研究会，数学研究会，以及政治经济研究会等。以大自然为教室，以全社会为教本，利用活的材料，来充实学生之知识，扩大学生之眼界。

②讲演。讲演目的，在练习学生说话之技术与发表思想之能力，并可进为推行民主政治之准备。其组织，或以年别，或以组分；其训练，由学校聘请有研究有兴趣之教员，为其导师。平时充分练习，定期公开比赛，其优胜者，则由学校加以奖励。

③出版。学校为练习学生写作之能力，增加学生发表思想之机会，自始即鼓励学生编辑刊物。会有会刊，校有校刊，或以周，或以季，种类甚多，于彼此观摩之中，寓公开竞赛之意。以是南开学校并未设有新闻学课程，亦未添设新闻学科系，但毕业校友之服务新闻界、通讯社，以及文化团体而卓有成绩者，为数尚不少。

④新剧。南开提倡新剧，早在宣统元年（一九〇九年）。最初目的，仅在藉演剧以练习演说、改良社会及后方作纯艺术之研究。南开话剧第一次出台公演者，为《用非所学》一剧，由苓主编，亦由苓导演。继则由今中央委员时子周君，前政治部副部长周恩来君及本校职员伉乃如君等，合力编演《一元钱》《新少年》《一念差》及《新村正》等。每次公演成绩至佳。其后张彭春君自美归国，负责指导编译名剧多种，亲自精心导演。当《国民公敌》《娜拉》及《争强》诸剧演出之时，艺术高超，大受观众欢迎。当时出演者，有今名编剧家万家宝（曹禺）君。而南开新剧团之名，已广播于海内矣。

⑤音乐研究会。南开提倡音乐，远在光绪三十一年（一九〇五年），当时设备不全，仅有军乐一项。其后会员增加，设备充实，增添口琴、提琴、钢琴及大提琴诸组，今名音乐家金律声先生，亦导师之一。前后

举行演奏会多次，成绩甚为美满。

⑥体育。南开重视体育，提倡体育知识，提高普及，均所注重，除田径外，并辅导学生组织各项球队，如篮球、足球、棒球、排球、网球等。而尤以篮球队为国人所称羡。当时曾有"南开五虎将"之称，所向无敌，执全国篮球界之牛耳。其时负责教练者，即今名体育家董守义先生也。

⑦社团。南开学校为训练学生做事能力，服务精神，并培养社会领袖人才起见，鼓励学生自动组织各种社团，通力合作，团结负责。当年最早成立之学生社团，有自治励学会，由今中学部主任喻传鉴君主持之，有敬业乐群会，由周恩来君主持之，此外并有青年会，专以研究基督教义为任务，由张信天君主持之。皆各有定期出版刊物，彼此观摩竞赛，工作成绩颇足称道。

四曰，道德训练。教育为改造个人之工具。但教育范围，绝不可限于书本教育，知识教育，而应特别注重于人格教育，道德教育。是以苓当学校之初期，每于星期三课后，召集全体训话，名为修身班。阐述行己处世之方及求学爱国之道，语多警惕，学生颇能服膺勿失。

苓鉴于民族精神颓废，个人习惯不良，欲力矫此弊，乃将饮酒、赌博、冶游、吸烟、早婚等事，悬为厉禁。犯者退学，绝不宽假。在校门侧，悬一大镜，镜旁镌有镜箴，俾学生出入，知所儆戒。箴词为："面必净，发必理，衣必整，纽必结，头容正，肩容平，胸容宽，背容直；气象：勿傲，勿暴，勿怠；颜色：宜和，宜静，宜庄。"此与现时新生活运动所倡导者，若合符节。犹忆美国哈佛大学校长伊利奥博士来校参观，见南开学生仪态与在他校所见者不同，特加询问。苓乃引渠至镜旁，将镜上箴词，详加解释，伊始了然。后伊归国，告其邦人，罗氏基金团且派员来校摄影，寄回美国，刊诸报端，加以谀词。盖以当时国人对于国民体魄，身体姿势，甚少注意矫正之故也。

五曰，培养救国力量。南开学校系受外侮刺激而产生，故教育目的，旨在雪耻图存；训练方法，重在读书救国。关于国际形势，世界大事及中国积弱之由，与夫所以救济之方，时对学生剀切训话，藉以灌输民族意识及增强国家观念。但爱国可以出乎热情，救国必须依靠力量。学生在求学时期，必须充分准备救国能力，在服务时期，必须真切实行救国志愿。有爱国之心，兼有救国之力，然后始可实现救国之宏愿。在平津陷落以前，华北学生之爱国运动，大半由我南开学生所领导，因此深遭日人之嫉恨。因此我南开津校之惨遭炸毁，此殆其一因。

上述五项训练，一以"公能"二字为依归。目的在培养学生爱国爱群之公德，与夫服务社会之能力。故本校成立之初，即揭橥"公能"二义，作为校训。惟"公"故能化私，化散，爱护团体，有为公牺牲之精神；惟"能"故能去愚，去弱，团结合作，有为公服务之能力。此五项基本训练，以"公能"校训为指导原则。而"公能"校训，必赖此基本训练，方得实现。分之为五项训练，合之则"公能"二义。允公允能，足以治民族之大病，造建国之人才。四十年来，我南开学校之训练目标一贯，方法一致。根据教育理想，制定训练方案，彻底实施，认真推行，深信必能实现预期之效果，收到良好之成绩也。

（《南开四十周年纪念校庆特刊》，1944 年 10 月 17 日）

从一副对联谈"长"的精神①

张伯苓

"长"的精神，即是奋斗精神，不是"校长"的"长"。惟其奋斗也，故日新月异。奋斗之准则，则为"公"为"能"。为"公"为"能"，则能增智，有为公服务之能力，以此种精神来复校也好，将来建国也好，决无不成之理。我还想干十五年，我极羡慕在做事时死了，最不喜欢养老等死。凡事决非顺利轻易成功的，必须经过若干挫折，若干困难，以及若干失败方能成功。几时自己承认失败才算真失败，如不承认失败，另想办法去"顶"去"干"，则无不战胜失败者。战后世界一定和平，国家一定统一，大家一致建国。

（宋璞主编：《张伯苓在重庆》，重庆：重庆出版社，2004年，第324页）

---

① 1944年10月17日为南开学校成立40周年校庆日，16日，校友查良鉴、曹云夫妇送一副对联"正大经立大体赞天地之化育，顶到头干到底学校长的精神"以表祝贺。张伯苓对"长"的精神做了进一步的阐释。

南开精神

骆继铭

　　南开是一个历史悠久的学校，他奋斗到今日，已经成为时代最前面的一位战士了，他所以能这样的奋发迈进，自必有他的精神，南开的精神是什么？南开的精神是"干"，"干"就是"力行"，而南开的"干"，有四个精神：

　　第一是有目的，有理想的"干"，而不是盲目的"干"。他的理想就是使每一个人都有大公无私的精神和充裕的才能，也就是培养"公"和"能"。南开奋斗了数十年，就是为了这理想的实现。人人为"公"，人人有"能"，再加以"干"的精神，什么事不能成功呢？所以南开乃是为社会造就有用的人才，为国家创造新细胞的一个主要动力。

　　第二是有决心，有毅力的"干"。南开既有了明确的目标和理想，便不畏一切艰难，不顾一切牺牲的做到底，干到底，直到理想美满的实现，跌倒了，再爬起来。天津的南开被敌人毁掉了，但是重庆的南开又重新兴建起来。这种干的精神是实干、是硬干、是苦干、是傻干！决不投机取巧，不空口说白话，也决不中途而废。

　　第三是同心合力的"干"。也就是团结一致的干。我们不但自己在干，还要别人干，我们不但自己前进，还要携助别人前进。大家共患难，同甘苦，互相勉励，互相帮助，所以南开才能蒸蒸日上，而南开师生感情的融洽和校友对母校的爱护，都是这种精神充分的表现。

　　第四是创造的"干"，是改革的"干"。南开不是一个保守的学校，正如校训所指示的，他是"日新月异"，他时时的在改，时时的在变，也时时的在补救自己的缺点，发挥自己的优点，所以他时刻都有新的事物出现，所以南开永远是新的，他不但"继往"，还要"开来"。

　　上面正是南开特有的精神，是凡受过南开教育熏陶的青年人，都洋溢着这种活力，这种蓬勃的朝气。南开整个的历史，也可以看作一部奋斗史，里面充沛着这种"干"的精神。校长说过："敌人只能毁坏我们的物质，但不能毁灭我们的精神。"是的，让我们把这种精神发扬光大，携手迈进吧！

　　　　　　　　（《南开四十周年纪念校庆特刊》，1944 年 10 月 17 日）

南开学校四十一周年纪念告全国校友

张伯苓

全国校友们：

今天——十月十七日，是南开学校四十一周年纪念，同时又是国家命运好转，南开复兴有望的时候，我想借着中央广播的机会，对大家报告南开过去奋斗的经过和南开今后复校的前途。今天我是用广播对大家说话，虽然是彼此天各一方，不能见面，但是我觉得还是同过去每年校庆时候，在学校里对诸位说话的快乐一样。

南开学校到今天已经是四十一周年了！回想四十多年来奋斗的史迹，真是艰苦备尝，如在眼前！记得四十七年以前，我在天津严范孙先生家，成立私塾，那时只有五个学生。就是在四十一年前，我在严宅创办中学的时候，也不过七十三个学生。后来在民国八年办大学，民国十二年办女中，民国十七年办小学，民国二十三年办研究所，抗战前一年的民国二十五年，又在四川重庆地方，添办南渝中学。当时各部学生，总计三千余人，教职员约达五百人，实为我南开抗战前之极盛时期。

天津南开学校，在抗战开始时，首先被敌人所炸毁，时期在民国二十六年七月二十八日。当时损失惨重，同人非常痛心，所以我在当年学校三十三周年纪念日前夕，托由汉口《大公报》及中央社通电全国校友，说："敌人所能毁者，南开之物质；敌人所不能毁者，南开之精神。极望全国南开校友，纪念学校，本南开苦干之精神，为国家民族努力。"从那年起，到现在，已经是整整的八年年头了！我们今天亲眼看见敌人投降，抗战胜利，国家地位提高，学校复兴在即，我真是高兴极了！

所谓南开精神，到底是什么呢？我可以说，南开学校是一个长进的学校，南开精神，就是长进的精神、创造的精神和奋斗苦干的精神。日新月异，自强不息，是我南开校友们人人应有的风格。南开四十多年的历史，一直在长，在创，在不断的长和不断的创之中，求对于国家民族有更大之贡献。我们看：天津南开学校，由最初成立时的七十多人，扩充到抗战开始时的三千人，长了四十倍。就是重庆南渝中学，在抗战万分艰苦，物质万分贫乏的当中，依然是从最初的二百人，发展到今天的近两千人，也长了十倍。这种长和创的精神，诸位校友们，一定要尽量的把他介绍到全国各地去，来发挥出更大、更多的效果！

说到南开复校计划，大体业已决定，工作亟待展开。今后计划，重庆南开中学，继续工作，天津大学、中学及女中三部，先行恢复。此外尚拟在北平设立一个初级中学，长春添办一个中学。并且南开大学工作要尽力充实，加深研究，配合国家需要，培植建设人才，增高学术贡献。大学将有五学院：文学院、理学院、法商学院、工学院及医学院。至于复校经费，需要甚巨，干部人员，需要甚多，望我政府长官、社会人士、国外友人，以及全国各地校友们，仍本过去赞助之热忱，再做更大之努力，使我南开复兴计划顺利进行，期于最短时间完全实现。这是我对于社会各方面所热烈期待的。

这几年来各地校友们，对我健康问题，十分关切，或则驰函慰问，或则劳驾致意，使我非常感激。藉此机会，向各地校友们表示深切的谢意！在最近四年来，我患有摄护［腺］胀大病症，稍有劳动，便中即出血。中间曾经采用电火治疗，一时略见功效，但仍不时发作，影响精神工作不少，衷心至为恼闷！现在计划，在国民大会召开以后，大约在十二月中旬，赴美治疗，希望把旧病根本治好。并拟在美考察教育，以为将来南开校务改进发展之参考，大约在明春即可返国。

苓今年七十岁了，教育救国，为我过去最大之宏愿，教育建国，更为我今后坚定之信心，但如个人健康恢复，体力如常，愿再为国家、为民族、为南开，服务十五年，直至八十五岁时，方可退休。到那时候，我可以亲眼看到南开之永久基础，日益奠定，国家之建设，大部完成，我内心将与如何快乐啊！

四十年来，我南开学校训练学生之最高目标是"公""能"二字。"公"字目的，在训练学生不自私，为大众，以养成其为国服务之公德；"能"字目的，在训练学生会做事，有才干，以养成为公服务之能力。学生既有干练的服务能力，又有丰富的服务热忱，然后对于国家民族，方有切实的贡献。抗战八年以来，我南开校友效命战场者，颇不乏人，就是服务后方者，亦皆各有其艰苦卓绝之成就。现在国势好转，希望我全国各地南开校友们，一本我南开长的、创的、奋斗的精神，为国为校，加倍努力，共求进步，这是我对全国校友们最大的最迫切的希望！

（《南开校友》第 7 卷第 5 期，1945 年 10 月 15 日）

抗战业已结束·时代转入新页

西南联大·任务完成·化整为零

——民主传统·宽容精神·北大清华南开合作九年·分返平津·

重建学府·负起领导青年思想重任

本刊特约记者

（本刊特约昆明通信）九年来由北京、清华、南开三大学校联合组成的国立西南联合大学，已于七月底"寿终正寝"了。到八月底，所有留昆的负责人和三校的教授都离开了这四时皆春的山地，回到北方平原的古城，去分别重建北京、清华、南开三个学府了。

在抗战的期间，以"联合"为名的大学为数不少，但大都是"联而不合"，不到几年便不欢而散。只有由北京、清华和南开三校组织而成的西南联大，能维持到九年之久，并且在这九年间树立了最深厚的友谊和奠定了长期合作的基础。西南联大所以能够合作，不能不归功于教授先生的高超德行，三校传统上的宽容的精神和三位特出的校长。

有派系而无派系之争

在一般的学校中，不断地闹派系之争，但西南联大是很少有派系之争的。这并不是说西南联大没有派系。在联大，正如在任何学校一样，教授们因政治、思想、年龄、工作、学科种种不同，也自然而然地形成若干团体。但这些派系都不在学校行政上有甚么争夺。因为联大的教授大都是学有专才，他们的全部精力放在研究的工作上，自然就没有空闲去管学校行政，因此就更不会有甚么系别之争了。当然，凡是学校行政上发生了甚么错误的措施，总有人挺身而出，作袒白的批评，务必做到错误被纠正过来。由于他们的学问，由于他们的道德，他们的意见虽有不同，但他们总是合作去为学术而努力的。

容忍和民主造成和谐

他们所以能在一起合作，还有一个重要的因素，就是北京、清华和南开三校的容忍精神。大家常称联大是"民主堡垒"或"自由堡垒"，容忍主义或宽容精神是这个"堡垒"的中心精神。因为如果没有容忍精神，则少数不肯服从多数，多数不肯尊重少数，那就只有党争和暴政而不会有民主与自由的。北大、清华和南开都以宽容精神见称。例如北大在蔡元培先生时，可以有无政府主义者、共产主义者、国民党人等革命分子，也可以有保皇分子。正因有这种宽容精神才能够"教授治校"。例如清华，则重要的问题是评议会决定，而评议会则有过半数的评议员是由教授选举出来的。记者认为只有具有容忍精神的学校，才能三校联合九年而十分合作的。

各党各派·兼收并蓄

联大容忍精神最好的表现，就是它包容了各党各派的教授与学生。记者虽然不能完全指出谁是那一党那一派，但至少可以说在联大之下，有共产党、第三党、民主同盟、民主社会党、中立派、国民党、三青团和国家主义等党派的教授与学生。教授方面：在属于左派政党的教授中，有闻一多和曾昭抡等先生；在民主社会党中，有潘光旦和费孝通等先生；没有党派而批评政府的有张奚若和陈序经等先生；比较中立而对政治常有意见有陈岱孙和王赣愚等先生；在经济问题方面批评政府的有伍启元、杨西孟、戴世光等先生；属于国民党反党派的有钱端升等先生；属于国民党批评派的，有周炳琳、杨振声等先生；国民党开明分子有冯友兰和雷海宗等先生；三青团的有姚从吾和陈雪屏等先生……在联大这许多教授中，有一件可喜的事，就是联大是没有顽固派的分子。不过如果有极左右的人，联大也必能包容而不加排斥的。这才是一个真正的"民主堡垒"，真正的"自由堡垒"。这才可以使许多人在一起而没有纠纷。

三校校长·分工合作

当然，联大所以能合作，三位校长的功绩也不少。这三位校长是采分工合作的办法。南开张校长总是在重庆代表学校向陪都交涉，北大蒋校长则负责所有对外的事宜，清华梅校长则负责校内事务。他们三位的感情是十分好，这就替学校散播了和谐的空气。

在整整九年的合作中，这三个北方的最高学府在西南角上替战时中国造就了不少的人才。它在云南文化留下了一些不可埋没的功绩。就是在联大"化整为零"，全部北迁的今日，它还留下一个"国立西南师范学院"在昆明，由忠厚长者的查良钊出任院长，南开、清华、北大等都派有教授（如蔡维藩、胡毅、许桢阳等）留在该院，使三校与昆明的关系能够没有中断。

......

中国不亡·南开永生

北大和清华都在北平，南开则在天津。南开的校舍虽损失极大，但南开在张伯苓校长之下是很有办法的。"有中国则有南开"，这是最高当局曾当面答应过张校长的。南开以经济学院和数学系最负盛名。在黄钰生、陈序经、姜立夫等先生主持之下，南开将永与北京、清华两校鼎足而三，成为北方三个最高学府的。

（《观察》第 1 卷第 6 期，1946 年 10 月 5 日）

母校重光[①]

杨坚白

南开——我的母校的一生，四十二年的经历可以说是一部奋斗成功史，从贫乏中生长起来，而在艰难困窘中，天天求发展，年年有进步，便在贫乏窘迫中慢慢长大起来。民国二十六年，是我们的国家最惨痛的一页，我们母校的史迹亦是一页最堪悲痛的。因为南开是校长和历年师生，经过三十余年的奋斗，用心血一点一点的堆积，像是用芝麻垒积成的一座黄金塔，一旦毁于炮弹的一声爆炸，人间如果不乏悲痛的事，那么南开的毁于敌人，要算是最足悲痛的了。

然而南开生于艰难，长于困窘，所以最不怕厄运。它在悲惨的变局之下，仍然挣扎求"存"，求"长"，求"精"，求"进"；它愈遭逢困难，生命力亦愈加强。于是南渝（民国二十五年创立，二十七年更名为私立南开中学）由二百学生突增到九百余人，最后约二千人，长成和老校一样的大了。南大在昆明开学，联合北大清华，组成国内负盛名的巍巍学府，西南联大。二十九年临时小学成立，学生百余人。南开在逃亡流离中，又长成了四部。谁说南开经敌人的炮火而灭亡，停滞了一步，南开的生命火花，又灿烂耀眼，照遍了宇宙。

民国二十六年，在沉痛悲愤的气氛中，举行三十二〈三〉周年校庆，校长发表告全体校友书，说："敌人所能毁者，南开之物质；敌人所不能毁者，南开之精神。津校恢复，必能于短期实现。"

---

① 南开四二校庆祝辞。

这句坚毅刚决的训示，在校友心版上镌刻着。在母校澹淡经营三十余年的校舍被毁成灰烬，图书仪器被劫夺拆毁，树木亭园被斫伐破坏的时候，重庆南开同时更积极的发展，配合着抗战工作，而为国育才储才，供献人力物力，这是巍巍峨峨的南开精神！

在天津——母校的摇篮，一些受任保校的先生，一些志在教育的教师和为南开精神滋养起来的学生，他们虽未走出天津，但他们的心，仍时时以"母校"为念。天津的"南开精神"并未死亡，它像是寒冬坚冰下层的流水，在严寒厉风中保持它的存在，在沉默中谋求推展前进。

南开的教师，在沦陷时间，所受的痛苦超出一般教者。他们在物质上的痛苦，吃不饱，穿不暖，自己衣服褴褛，亲小啼饥号寒，他们仍不肯离开岗位一步。此外，南开的被毁，由于它办教育，确是诚心敬意的在救中国。中国强盛，人才济济，是敌人所忧怖的，所以他先毁南开。因之，南开先生和学生，亦时时在人家的算计之中。所以南开留津的先生，一直沉默了八年，一直缄口而积极的把南开精神注到青年的血管里，潜在冰下的奔流，待到春风解冻，你就听到它的澎湃，见到它的腾涌了。

胜利了，民国三十四年十月二日，喻先生随了市长飞津，一阵春风飘了来。在四十一周年校庆日，由校友会主办的庆祝会，假光明影院举行，同时喻先生宣布天津南开复校，这是天津南开的复活日。

于是一面接收校舍，一面借地招生。由招考至开学，仅仅用两星期的功夫。那时已是秋季开学的第七八周了，天津青年学子，早已各有各人的学校，但南开招生的消息传出，竟有一千六七百人来争先报名，有的牺牲学费，有的降低学级，有的舍附近学校，而甘于趋就荒郊。一番热烈，留津的南开先生看了"我们八年沉默的工作未曾枉费了心血"，他们是这样自慰，无言的笑了。

在复校的一周年内，南开依然沉默着，低下头，沉下气，安稳的迈着步，向前进。复员的工作，除了丁主任是自重庆奔来的，所有工作的同仁，甚至连校工，都是母校的老同志，老搭档。他们投到南开，依然是吃不饱，依然是无力制新衣，但他们的精神愉快，意志坚毅不移，工作严肃紧张，依然缄口奋振，努力实现校长"津校恢复，必能于短期实现"的壮语。

沦陷时，是津校同仁在准备复校的预备期，像是农家在播种；胜利给南开带来的，的的确确的温暖的春风，只是在南开的一方田陇上，见到嫩嫩油油的新芽，这是埋在土下的种子苗生了。

在物质方面，南开是被毁得一无所有了。今日的校舍，由丁主任和严伯符、杨叙才先生的经营肇划，全部一新了。凡到南开参观的，都面对整洁光新的校舍，发出一声"惊诧的赞语，这么快！竟变成了这个样子，焕然一新！"

在精神方面，在天津南开的精神根本未死，亦未曾蛰眠，所以能一呼即起。这一年，由关主任领导，和顾子范、刘伯高、杨叙才、孙养林，坚白亦追随后面，一齐积极加紧的工作，虽未能尽如理想，但又看见坚白在学校求学时期的样子了。

在物质缺乏的今日，在精神涣散的今日，在全国各地到处响着枪声硝烟气浓的今日，在全国各地嚷着苦痛，饥莩遍地的今日，嚷着归乡，而叹归家不得的今日，在教育复员声中嚷着复校，而叹恢复太难的今日，南开也在这多难的环境中，南开的同仁亦在这苦重的情况下，听着国人叫苦、叹息，眼看着国家破坏纷乱，其能遵蒋主席的指示"新""速""实"，而有实际的成绩，摆在国人面前，我不敢说国内无一处，如有，天津南开是一个。

校舍一"新"了，南开师生工作的精神一"新"了。这一个"新"，在困难的情形下，在十数人的工作下，效率不得说是不高，以时间论，效率不得说是不"速"。我们只低头工作，不谈"高"的理论，不做"空"的宣传，只是师生携着手，脚踏实地的去作，我们不求誉，不望酬，只是做我们应该做的事。我们今日的总目标是"建国"。凡不离此轨迹的工作，我们都积极去做。我们领导同学认真的工作，团结合作为公服务，增长能力，我们亦参加校外的竞赛，如征文，如讲演，我们不为争取荣誉，我们是测验自己的工作够不够实在！我们所做的，是实在的，拿出给人看，是实在内的。这一点微微的成果，证明我们师生的努力不算徒然。

现在是恢复旧观了，但仍不自足，依然时时在求改进，求发展。未来的事，我们不愿意说，愿意做出来，再捧献国人的眼前。

复校周年，是母校新生的周年。我们全体师生在今天，热盼校长返校的情绪下，愿校长康宁，早日莅校，我们把周年工作的成果，代表一束灿烂的鲜花奉献校长面前，希望得到校长安慰的一粲。"在这样短短的一年中，我亲手自经营的南开又重光了。"

（《大公报》天津版，1946 年 10 月 17 日）

南开之展望

丁辅仁

本年十月十七日，为南开学校四十二周年纪念日，同时亦为天津南开中学复校周年纪念日。南开复校，迄今一载，仰承社会人士及校友多方赞助，复校工作始得顺利进行。值此负有光荣历史之纪念日，展望复校未来大计，尚待继续完成，深盼我同人同学齐心努力，携手并进，务使我南开学校，日新月异，发展无穷！

校长复校计划：南开大学必设八里台，南开中学仍在旧址。今南开高中部旧址，业经鸠工修缮，大部焕然一新；大学工程，最近期内，亦可告竣，并定于校庆日报到开学。惟南开初中部，校舍已被敌人夷为平地；南开女中部校舍，仅存宿舍之一部。所有讲室礼堂等建筑物，均炸毁无遗；南开小学部被敌人改作硝皮工场，且中经火灾，只余四壁。以上三处原有校舍，若重新兴建，恢复旧观，经济力量，势所不能。幸蒙政府体念南开学校首为抗战而牺牲，准将本市前日本创设之国民学校、青年学校、松岛高等女子学校及芙蓉小学等，全部校舍均拨给南开学校应用。现以上项新校址，或为美军占用，或为教育部天津临时中学占用，致本校复校扩充计划，不能积极进行，一俟允拨之各校舍腾出，本校拟将前日本国民学校及青年学校改为南开初中部，可容学生二十余班；松岛高等女子学校，改为南开女中部，能收学生十班以上；芙蓉小学改为南开小学，可招生二十班左右。如能早日接管，逐步充实，则南开学校之前途，实极为远大！

南开设校，并非囿于一隅，故于抗战之前一年，即创设重庆南开中学，其规模之宏大，设备之完善，咸誉为抗战后方惟一之中等学校焉。兹者抗战胜利，教育尤为建国之基，南开学校，今后誓更为建国教育而努力。故南开学校除恢复天津各部外，并拟在北平设立初中一处，俾北平南开初中学生毕业后，即可径升天津南开高中肄业。再东北各省久被敌人摧残，教育亟待发展，因此拟在长春设一规模较大高初中俱备之南开中学。现以环境关系未克实现。顾我南开精神，旨在奋斗，所谓"有志者事竟成"，深望将来故都及白山黑水间，亦有我南开学校弦诵之声也。

校长于南开四十周年纪念时曾谓："苓行年七十矣！但体力尚健精神尚在，不敢言老！今后为南开、为国家，更当尽其余年，致力于教育及建国工作。南开一日不复兴，建国一日不完成，苓誓一日不退休。"校长此等昭告，凡我同人同学，广逖闻之下莫不深自奋勉。

（《大公报》天津版，1946 年 10 月 17 日）

今后努力三件事

南开大学校长张伯苓先生，毕生致力教育事业，尤其对于体育，特别提倡。他老人家由美返国后，住在沪西华亭路金城银行的一所小洋房里，因为在美时洗澡折断了脊骨，腰间还围着一条很宽的铁皮带。他虽是七十一岁的老翁，但健谈犹胜青年，而拜访他的人又是那么多，他的大公子防其伤神，特随侍左右，关心着他的生活。除了南开校友的欢迎会外，任何宴会一概谢绝。他说今后将努力三件事：第一件事发展南开；第二件事致力体育；第三件事，从事中美文化合作。下面是他谈话的记录：

第一件事，发展南开

"我留沪五天，在南京五天，然后在天津住一个月，因天津已九年多不去了。最后去重庆处理南开中学校务，约勾留二三星期，再回上海。这是第一个圈子。在沪拟办南开中学分校，故二月后返此，预备在此久居。"又据董守义称："张校长还预备在长春、武汉、广州设立南开中学分校。"

第二件事，致力体育

"教育里没有了体育，教育就不完全。我觉得体育比什么都重要。我觉得不懂体育的，不应该当校长。英美精神即是体育精神；民主政治亦即是体育精神。体验过体育中的竞争、团结、合作以后，推行民主政治要省力得多。等我在京津渝一个旅行的圈子完成后，我将在沪与诸位体育界的同志一同努力。""体育这件事太重要了，咱家要建新中国，必得协力同心的来努力，使整个民族，都有活气，并能懂得团结，懂得合作。"

第三件事，中美文化

"我除了发展南开，致力体育外，我所要做的第三件事是中美文化协会的工作。中美两国是奠定世界永久和平的基石，彼此的关系太密切，文化合作，民间友谊的交流，我认为比外交政治还要重要。除了这三件事，其余的一切，我都预备谢绝。"

（《新闻报》，1946 年 12 月 23 日）

母校张校长返津感言

胡仲文

校长归来矣，以古稀老翁，夙疾霍然，胜利后重返故乡，再建南开，凡我校友，欢欣鼓舞，喜可知也。顾在张校长坚忍不拔之毅力视之，必曰，此亦寻常事，乌足言。然则"再为南开努力十五年"，并非豪语，乃自信人之言，即南开精神之真谛也。

母校重光，敌寇能毁者，南开之物质，不能毁者，南开之精神，言果克践矣。举凡我南开校友，与夫爱护南开者，莫不额手相庆，宜也。然窃以为歌功颂德，或非我校长所乐闻，而瞻望复员后之母校，实有不能已于言者在。夫校舍之因陋就简，设备之残缺不完，经费之捉襟见肘，教授之待遇清苦，此固为当前之难关，处公私交困之今日，未易解决者也。惟心尤谓危者，则人事问题是。盖我母校自昔，即恒在艰苦奋斗之中，然能跻于全国诸大学府之林，毫无逊色，而有足称道者，端赖我南开苦干之精神，和衷共济，有以致之。校长归来，深庆领导有人，统筹全局，承丕绪于既往，开盛业于未来。此余于校长返津之日，不欲徒贡谀词，而窃愿我母校负责诸师长，群策群力，毋堕往誉，不负"有中国即有南开"之光荣及期许，跂足望之，馨香祷之也。

（《南开校友》第 2 号，1947 年 2 月 15 日）

欢迎张校长

杜建时

南开对于中国，正如牛津、剑桥对于大不列颠，给国家的贡献和影响是同其重大的。不过在性格上有所不同：牛津、剑桥使新兴的岛屿帝国深含蓄了，而南开给这大陆古国一种新生的朝气。假使我们熟悉中国四十年来的奋斗史，我们会承认这并非过誉。

南开是张校长亲手自经营的，张校长实是南开精神的源泉。因此，我们对张校长有一种由衷的钦仰！

最近张校长道经上海时曾经兴奋的说："现在我们总算解除不平等条约，这是千载难逢的好机会，要赶快建国！要赶快建国！"从这几句话，可以想见这七十高龄的老人家的心境。张校长的精神是永不会衰老的，他的话使我们振奋，使我们感动！

久别故乡的老校长现在胜利归来了，看见他四十年惨淡经营的南开饱受敌寇的摧残，能不黯然伤心！但是请欢欣鼓舞吧——南开精神已经渗透全国，南开学校将更伟大辉煌，南开的命运和国运是一致的，好像原野上的草，一经劫火反而愈加茂盛！

（《南开校友》第 2 号，1947 年 2 月 15 日）

要做这样的人①

张伯苓

从今天起，我是训练你们，把你们个个都训练成风吹不倒、雨淋不透、钢铁一般的孩子！

记住，要做这样的人：第一身体要结实，好能站得稳。第二眼光要锐利，能够观察事物的丑恶。第三头脑要清晰，能够分辨真的是与非。第四意志要坚强，不为物诱，不被力迫。同时更应该有一个坚定的生活目标，它应该是有益于国家民族的。要知道南开三十多年来的一贯目标，就是为国家造人才，为民族培元气。它绝对不被任何人利用，也绝对不替任何人做事，所以南开走的是中庸的救国之道。

记住，将来你们入社会，要做个实际工作坚贞不渝的小卒。不要做任何个体的走卒。自己要有正大的主张，就是要为国家做好事，不要替小于国家民族的团体或个人做好事。你们要记住，要永远记住我这几句话。

[李溥、蔡勇剑、刘柯麟编：《百年风华：南开中学校园文学百年巡视》（上），北京：中国文史出版社，2004年，第411页]

---

① 本文系1947年3月22日张伯苓在南开中学师生欢迎会上讲话的一部分。转引自孟高《要做这样的人——忆校长的话》。

论南开教育①

喻传鉴

近《新民报》载有海帆君《从南开看中国教育》及翟羽君《再论南开》二文，对南开教育设施，多所责难。惟细读二文，知海帆君仅来南开一次，对南开似并没有深刻了解。翟羽君自以为知南开较多，愿指出南开"具体的错误"，但亦没有真正认识南开。以是所引事实，所加批评，多因观念立场不同，而失去真实的观察及公平的判断。在南开服务同人，终日孜孜，专心工作，外人即有不谅，雅不愿有所申述。惟此二文所提到的几个教育问题，易使青年读者发生误解，是不可以不辩。特一并解答如左：

一、关于事实部分，分三点说明

1. 南开不是贵族学校

海帆君谓南开系"贵族巨室子弟们心目中的偶像"，此贵族二字，不知何解？又不知中国那些人可称贵族？青年冯玉祥先生亦尝称南开为贵族学校，迨抗战军兴，冯先生也把他的"少爷小姐"送到南开就读。予尝笑谓：抗战把冯先生也抗成贵族了！但冯先生是否为贵族？海帆及翟羽二君，是否亦承认冯先生为贵族？诚然，南开大部分学生，为公教人员之子弟，一部分学生，则来自富有之家，极少数学生亦可称为"达官贵人的少爷小姐"。但学生入学凭成绩，不论门第，倘成绩够标准，自不能因为他们来自富家巨室，而褫夺其入学之权利。至入学以后，衣着同，

膳食同，训练同，亦未因其来自富家巨室，而予以特殊待遇。况南开收费并不较他校为高（当然有的较低），学生生活亦并不较他校为奢（少数是例外），其中因家境清寒，生活刻苦俭朴，赖学校奖助金而始能维持其学业者，亦颇不乏人，不知海帆君何独对于南开而横加责难？

海帆君为证实南开是个贵族学校，又谓"抗战期间……达官贵人们少爷小姐，早晨专车上学，下午包车迎归"。殊不知南开为实施团体训练方便计，自成立以来，即规定学生全体住校，绝无通校之学生。此凡稍知南开者，当莫不知之。而海帆君既认南开为达官贵人子弟读书之所，以为达官贵人必有车，是以遂臆断必有专车迎送之事，推断固似合理，事实却是虚构。

浅见者流，又以为南开校舍宏大，即是贵族学校的特征。但学校系社会事业，负树人大计，一切建筑自当求其坚固，一切设备，自当求其完善。翟羽君谓"苏格拉底在十字街头办学校，孔老二在茅茨土阶里讲学"，似乎办学校无需要校舍，要设备。可是时代变了，环境变了，是否现在办学校，也得照着几千年前的办法，不这样，就算错了呢？

2. 南开不是国立学校

翟羽君又指责南开把"校门关得很紧，兼之收费颇重，使外面的学生不容易进去，……有背教育机会均等原则"，希望"南开打开大门，迎接更多的青年"。此言甚是。但翟君应知南开是私立学校，并非国立学校，南开是私人团体，并非政府机关。翟羽君若责难国立学校，何以不大量增加班次，招收失学青年？各级政府何以不多办几个学校，使一般青年多有求学之机会？谁曰不宜。乃以之责难南开学校，不知是否太重视南开，或错认了南开？

南开为私立学校，既无政府补助（上年得教局补助购置图书仪器费二万元，市政府特别救济费一百四十余万元），又无巨大基金，学校开支，大部分仗诸学费之收入，学费随物价增加，此乃不得已之事，一部分清寒学生，经济困难无力缴纳者，学校斟酌情形，或免其全部，或减少其一部，藉以维持其学业。学校所能为者，只此而已。若一方不得增收学费，一方且须大量收容学生，请问将何以维持教职员生活？将何以维持学校一切设备？现时一般社会不明学校真相者，多责难私立中学收费过高。按诸实际，一般物价，多增加三四万倍，学费增加不过万倍，而教职员待遇，平均计算不过增加五千倍，含辛茹苦，勉维现状。若要维持过去一般水准，其困难情形，实有非外人可能想象者。在翟君之意，或以为中国社会，并不需要"南开式"的教育。诚然，私立学校之产生，原由于社会需求。倘若国立学校，数多质善，私立学校，自无存在之余地。我真希望中国能有一天，政府将教育青年责任整个负起来，使青年学生人人都有入学之机会。但按现时情形而论，"南开式"的教育，对于中国广大社会，或尚有相当的需要。

3. 南开不是特殊的学校

学校的性质不同，因而目标及作风亦异。南开是一个普通中学，普通中学教育的主要目的，一方在培养学生的生活技能，一方在预备研究高深学术的工具，所以学校应有良好的环境及完善的设备，以锻炼学生的体魄，增长学生的知识能力，培养学生对于做人处事应有的正当态度。此系长时期的基本训练工作，希望能由此造就真正有用之青年，以备将来服务社会国家。但翟羽君希望南开学生，放弃书本，跑出教室，打破围墙教育，"如有野宴应当与其他学校学生野宴，与当地老百姓野宴；如演剧，应当演给老百姓看；如讲演，应当向老百姓讲，帮老百姓说话"。但可惜翟羽君忘了一个普通中学学生，论年龄，不过十二至十八；论知识，他们尚甚幼稚（少数早成熟者自是例外）。他们在学校里的主要工作，是学习，学习，学习。翟羽君所举的几种活动的做法，如陶行知所办的晓庄师范及社会大学，可以这样做。但各种教育，各有各的效用，目的不同，作风亦异。陶行知所办的学校，有他一套的理论，一套的作法；南开也有它一套的理论，一套的做法。若谓一切学校均须一样做法，一样看法，那就错了！海帆及翟羽二君，均以南开缺乏"社会性"，南开学生"不管外事"，为南开诟病。前者，意义不明，不知何指？后者，似指南开学生，平日因功课认真，校规谨严，没有热心参加社会活动而言，是以主张"南开学生应多向外边这辽阔的世界学习，南开应走向人民教育这一条路线"。但是我们办的是一个普通中等学校，我们应当训练学生，能了解社会，认识社会，我们不应当将打破现状，改造社会的责任，置诸青年肩上。我们做的是基本教育，不是政治训练。爱国运动不甘落后，党派斗争，不感兴趣。为保存国家未来的元气，爱护学生未来的前途，亦不忍听其徒逞一时的意气，叫嚣纷扰，去做不可补偿的牺牲。

二、关于南开的教育精神

海帆君提到"南开的教育态度与校风"，翟羽君述及"南开教与学上的作风与范围"，认为南开是"反时代的，是殖民地性的、半封建性的及买办性的，是课本主义与考试主义的"。深觉二君所予判断，均犯了外国记者一个通病。外国新闻旅行家，到中国考察，见了几个人，就写长篇通讯，自命中国通。今二君对南开批评之文，得无类是。海帆、翟羽二君根本不认识南开，竟撷拾一二事实，看到一鳞半爪，即判定罪状，横加攻击，实不免有武断之嫌。今亦分三点加以辩正。

1. 反时代的教育

南开学校，创立于甲午战败之后，被毁于抗战发动之初，继兴于军事紧急之秋，从成立的时候起，即以"公""能"二字为校训，积极训练学生，使他们有为"公"牺牲的精神及为"公"服务的"能"力。为欲实现这个目标，训练方针，着重五点：①注重体育，②提倡科学，③鼓励团体组织，④注重人格陶冶，⑤培养建国实力。四十三年来，同人本此信念，始终不渝，深望能造就一些新的人才，建设一个新的中国。现时代情势，固然改变，教育主张，容或不同，但上列五项是否已失去时代性，无训练的价值，或都已做好，无训练的必要呢？南开对此，深愧未能切实做到，更望今后能彻底实施。因为现代中国的大病，仍然是国民体魄不强健，科学落后，人民如一团散沙，无组织能力，新旧道德不讲，人格破产，贴标语，喊口号，自命为爱国者甚多，而有真本领，真能肩荷重任者则太少。南开教育所注重的五点，实为训练现代青年的重要工作，并没有违背时代潮流。

南开校训为"公"与"能"。"公能"二字，为全校精神之所寄，先生之所施教，本此二字。有"公"才能无私，有"能"才克成事。现在中国政府的大病，是"贪污"无"能"。人民以"贪污无能"四字，丑诋政府，一部政府官吏，因"贪污无能"，不惟为国人所不满，且亦为外人所耻笑。南开学校，以"公"与"能"施教，如为违反时代，是否提倡为私及训练人民无能，才合乎时代？不然，南开教育何以为反时代的教育？

又南开提倡为公，常以"干"的精神，训练学生，所谓南开精神，就是干的精神。无论先生学生，都认真的干，实事求是的干，而且是有目的的，有决心的，有创造性的干。这样干的精神，就是南开所以能不断发展，继续存在的原因。我们不常指责政府机关，行政能力太低吗？我们不常指责政府机关中人，以"拖""推""混"为做事的要诀吗？我们欲力矫此弊，不敢自翊成功，却不敢不以此自勉。但干的精神，是否也违反时代呢？南开的教育宗旨，训练方法，我们认为时代无论如何改变，社会无论如何进步，实合乎时代的要求，合于国家的需要。

翟羽君又以为南开的教育，是造就士大夫的，是"培植忠实的士大夫式的人才"的。南开镜箴上所嵌入字句，如"头容正，肩容平，胸容宽，背容直……"等语，本是张校长因为见于国民体格不强，精神萎靡，特立此镜，令学生借鉴。而翟羽君认为这是反时代的，是造就士大夫的，难道合乎时代的身体姿态，是头应偏，肩应歪，胸应窄，背应驼吗？真是笑话！

2. 半封建性半殖民地性及买办性的教育

海帆君曾到南开，"出乎他意料之外的，是南开无自治会的组织"。大概即因此，断定这是半封建性的教育。但提倡团体组织，鼓励课外活动，是南开主要教育工作之一，且自有一套训练方案。大团体之组织，如抗战时期全校之抗战工作委员会，胜利后，改称服务干事会之学生组织。海帆君不知道。全校班会的组织，即训练学生有自治能力的基本工作，以及其他关于文艺、体育、音乐、演剧的团体，不下百余种，海帆君都未曾知道,而讲南开有的仅是"同乡会及校友会等等小团体小组织"。实则南开校内,根本没有同乡会,校友会即有一二,亦甚少活动。至于壁报,海帆君所举的仅两种,而"新血轮"早于去冬前停刊。其他张贴在外的及公布在讲室以内的,不下三四十种,由此足以证明海帆君知道南开,实在太少。在海帆君之意,学校既无自治会,则专制可知,这就是半封建性。我欲正告海帆君,学校是教育机构,是训练学生有民主国国民能力之场所,不是政治机构,令学生实行民权,来指导学校,监督学校。如果一个学校一切都上轨道,师生能以真诚相见,能协力合作,学生组织,能达到训练自治的目的,名义是否是"自治会",或不是"自治会",实无关宏构。

　　海帆君认为最不可恕的是美国学校校刊刊登南开相片,而南开学生且引此为荣,这是半殖民地及买办性教育的反映。这一层不得不稍加说明。英美两国教育家,认为欲避免第三次大战,应从教育着手,应使各国学校学生,彼此都能了解入手。以是鼓励学生向各国学生通信,也许因为如翟羽君所说,"南开在国际间微有声名",所以也向南开学生通信,美国某校曾向南开索取学生生活相片,并将该项相片,印在校刊上,南开学生见之而喜,适遇海帆君,即举以相示,这本是一件极平常的事,并没有什么"严重的意义",而海帆君断定"这是中国教育危险的,而且是可耻发展方向",不知海帆君用什么逻辑,作此推断。记得前年《大公报》得到美国米苏里大学新闻学院奖章,全国文化界及新闻界同志,均为《大公报》贺。不知此是否是殖民地心理及买办心理的反映?如果国际舆论界也重视别家报纸,赠予奖章,不知是接收还是拒绝。至中国留学生只会解剖美国蚯蚓与美国学校刊印南开学生相片,两事对称,更是比拟不伦。翟羽君曾指责南开学生:"和外界接触关系稀少,没有好多和人切磋比较的机会,于是不知天高地厚,自高自大,惟我独尊的气氛,特别浓厚,目空一切的味道,特别臭人……"今外国学校,看得起南开,愿与我们切磋比较,如我们拒绝,是否又犯"自高自大,目空一切"的毛病呢?真是欲加之罪,何患无辞!

3. 课本主义与考试主义

海帆君认南开教育是"课本主义"的教育，学生仅知"读死书"。翟羽君以为这种"死读书"的办法，是封建科举的余孽，除了应付考试以外，在实际生活中毫无用处，因而主张学校应"让学生自由探索世界的秘奥，了解社会的情态，认识广大人群的需要"。这理论甚高超，但忘却了他所批评的对象，是一个中等学校，是一些中等学生。他们在学校里，正是切实打基础，受训练的时候。诚然，课本不是知识的唯一泉源，中学学生中，亦有天资极高的学生，但如要做到翟羽君的三项主张，亦必须先从自然科学，社会科学的初步研究而后可，亦非先读各科的启蒙课本不可。现在学生中流行的三句话，"读死书，死读书，读书死"，实易引起中学学生许多误解。何谓"死书"？中等学校所规定学生应读的书，那种是"死书"？中学学科，如国英算自然及社会各科，有的是工具训练，有的是普通常识，那种是死知识？翟羽君或者是懂国文，以为现时中学课本所选的文言文及关于中国旧时学术思想的文章，那是死东西，死知识，学生可不必读，但是做一个中国人，不能数典忘祖，多少知道一点旧时文化，不能算是严重的错误。学生中有资质较钝者，记忆力及理解力均稍差，他们应抱"人十己〈己〉百"的态度，多诵读，多练习，而后方能纯熟。但学生如以用力读书，就是"死读书"，同学以"死读书"相讥，自己亦以"死读书"为耻。这样，只有不读书，不用功，将大好光阴掷诸虚牝而已。至在学校里，因为读书而死的学生，可谓绝无仅有。因为一个正常的学校，有体育运动诸课，以锻炼体格，有音乐图画诸科，以陶冶性情，过有规律的生活，作有计划的工作，当无伤于身体。学生当不免有夭折而死亡者，但可死的原因很多，是否不读书就没有死亡呢？学生读书，本其天职，况现在一般人，皆以中学程度低落为虞，今乃以读书为不当，须令其"自由学习""向辽阔之世界学习"，是犹方在学步的儿童，而令其迅行疾走，其不颠跛者鲜矣。

再论考试问题

会考制度为陶行知先生所反对，亦为张校长所反对。前在全国教育会议及参政会中，张校长均曾提案，请撤销此制。海帆君所引陶先生所讲的一段故事，陶先生或有此说，张校长决无此函。海帆君以南开"为了会考的胜利，逼使青年走向课本主义"，以后"会考胜利了，政府嘉奖了，南开的声誉提高了"，这几句话，实足证明海帆君根本不晓得会考是怎么一回事，南开对于会考，是抱怎样的态度。会考实是劳民伤财之事，对于程度坏的学生，他们临阵磨枪，多读几本"会考必读""考试指南"这类东西，亦可对付及格。对于程度好的学生，因为试题是求适合一般学生程度的，所以多浅而易，根本用不着预备。南开程度虽不佳，从没有以会考故，而令学生"抱着书本死啃"，因事实上并无此必要。南开会考是否胜利，我们不知道，因为会考是没有名次的。政府也并没有因为南开会考胜利，而予以嘉奖。但南开却没有失败过。二十余年来，以予所知，南开经过多少次会考，从没有一个学生因会考不及格而不得毕业。是以张校长决不致有怕会考失败而希望胜利之事。至谓南开因会考胜利，而声誉提高了，更是臆测之词。一个学校办得好坏，条件因素至多。如果社会承认南开还不错的话，那是多少人努力奋斗，几十年实心苦干的结果；决不是会考胜利所致的。

再学校课本，是一种教授的工具，书本知识与实际生活，应有联系，那是当然之事。学校考试，是一种测验成绩之方法，以方法为目的自属一种错误。现实一般学校里，所用的教材教法，仅研究改进的地方，南开极愿虚心接受善意的指正。但翟羽君希望南开"用新的方法，朝新的方向去求进步"；海帆君为"纠正中国教育这个危机而可耻的发展方向：要从整个的中国教育乃至整个中国的社会改造入手"，则二君之对于教育当另有一种哲学，另有一种作法，现时各阶段之中国教育，在二君看来，恐都是"挖空青年人的头脑，枯竭青年人的生活，替人民训练无用的士大夫"的，都是要不得的。

总之南开不敢如翟羽君所说，以"洋楼高大，历史悠久，牌子老亮"自满自傲。南开的缺欠很多，但南开的宗旨无误。南开不是"为学校而办学校"，却是为教育而办教育。南开同人，愿以毕生精力，贡献教育，希望受过南开教育的青年，个个成为国家有用的人才。南开一贯的作风，在事事认真，学生认真地学，教师认真地教。以是学生忙，教师亦忙，决不能以"管外事"或与"社会相配合"，做他们主要的工作，这是为海帆及翟羽二君所最不满的一事。但南开并没有不让学生去了解社会，认识社会。（过去的天津，设有社会视察这一科，使学生多与社会接触，在重庆因为交通及物力困难没有设立。）反之在此大动荡时代，我们更应使学生明了国家当前的危险及本身应尽的责任。但这并非学生必须直接参加社会各种活动，即牺牲团体学业，毁灭自己的前途，也可不顾。我们鉴于过去的青年，现在的显要，多不学无知，贻误国事，愿尽一点微力，对南开青年，负指导之任；愿本未昧良心，为阽危国家，尽挽救之责。不唱高调，不说空话，脚踏实地，埋头苦干。本日新月异的精神，方法可以改变；为国家民族的利益，方向不能走错。二君之文，不知动机何在，善意指正，不敢苟同。敬谢翟羽君看得起南开，在"……这物价高涨的情形下，来谈一些不着实际的问题"，南开同人因工作繁忙，实没有工夫来谈这些"不着实际的问题"，再有赐教，恕不作答。

（《大公报》重庆版，1947 年 10 月 5 日、6 日、8 日）

南开大学

"渤海之滨，白河之津，巍巍我南开精神！汲汲骎骎，月异日新，发煌我前途无垠！美哉大仁，智勇真纯，以铸以陶，文质彬彬！渤海之滨，白河之津，巍巍我南开精神！"

南开大学，设在天津，津门是中国北部第一个大商埠，这一所大学就是华北第一大埠的最高学府。它不但是在天津，即在全国高等教育中，也是负了很大盛誉的。遥望华南人士，也晓得南开是一所办理较理想的私立大学。

八年抗战，南开的命运，正与清华一样，给日本兵铁蹄蹂躏得乱七八糟。大部份校舍，夷为平地，复员以后，南开是从新再生的。芝琴楼和秀山堂，远望只一片荒凉，原日的第一、二宿舍，今日已无迹可寻，木斋图书馆已成废墟，硕果仅存的思源堂内设备，早已荡然无存一物。原日电工教室后面，敌军做了火葬场，在此几年来不知火葬了千万兽兵的尸骸。最大建筑物的思源堂，敌军加建一座做了日军的野战病院，昔日阴翳的园林，今日全部树木已砍光，由此可知道南开破烂什么程度了。

但是上述的残破俱是日军物质破坏，南开的真精神，那是日本炮弹所不能毁灭的，反之南开战时津校沦落魔手，而大后方重庆的新校已长成，这是奋斗性，千锤百炼陶冶出来的种子。它怒吼的洪声，早已给倭寇胆散魄消。

据说，南开创办的动机是：当甲午战役，中国的国旗停泊在刘公岛一只中国军舰上被降落了，这情景触动了，刺伤了在场的一位中国青年海军士官的心。他开始想了，他想船坚炮利，绝不足恃；他想的救国究竟是不是一个海军的合力所能做到？他想联络武装同志共起御侮，纵然能够胜利一时，然而无补于国民的贫弱愚。他想，……他决定了。他脱去军服，悄然归津，他见着严范孙先生诉说他的怀想——"只有教育才能救国"，他于是乃决定把毕生的时间和精力贡献于教育事业。这青年是谁，即当日年逾古稀的张伯苓校长。从那时起，张伯苓氏即与严范孙氏共同创办南开小学，后来扩充中学，大学而至今日四十多年了。

南开大学，有文、法、理三学院，筹设工学院，南开精神即为公牺牲和为公服务的能力。

南开有素养，历年毕业的学生在社会服务者，南开亦居优。

（《大公报》香港版，1948 年 7 月 13 日）

南开特性

郭屏藩

　　一个学校，亦如同一个人一样，大都不免有些特性。这些特性，发展到相当显著的时候，在人就成了所谓性格，或脾气；在学校就成了所谓校风。从这些学校出来的人，在不知不觉之间，亦就沾染上一些个别不同的气味。不但从大的处世作人的风度上可以分别出来，就是从那些比较细微的日常生活习惯方面，如同衣履、样式、谈吐姿态，以及一动一静的派头，都可清清楚楚的辨别出他们是出自那个学校。吾们怎么样？

　　我所看到的吾们南开三种特性，是我自己主观的看法，字眼亦系临时捏凑，偏浅错误，过与不及，在所难免。本来庐山真貌，须要山外人才看得清楚，这一点，尚希师长校友原谅、指教。

　　第一，强劲。强劲，就是困难前不低头，不退缩，不服气，不认输，几无一事不是表现着奋斗气味。遍观南开各处，亦几无一地不充满着奋斗痕迹。起初同荒地苇坑奋斗，继而同旧势恶习奋斗。近来老校长又展开同衰老奋斗，同病魔招架。最幸运的，是每战必胜，逢凶化吉。因此，南开好象是吃惯了这个甜头，找到了这个诀窍，所以永远不想休息，不肯知足。不过吾们亦有一个严格限度，就是对于别人之所爱好者，决采让贤态度。过此则为侵略，为蛮干了。

　　第二，笨样。南开一向缺少聪明伶俐、轰轰烈烈的人才。大半都是些憨头憨脑、拙嘴笨舌、象牛一样的呆板。只知道田地是它的岗位，只认识耕种是它的职责，不抱怨待遇，不牢骚工作；既不会呼吁烦闷，更不善宣传它是人类幸福之制造者。它的"牛"生观，是埋头苦干，对天负责。本来教育亦就是一种平庸清淡、寂寞无闻的事业，而不是一套出风头、求速效、玩花招的勾当。有的朋友讥笑吾们不够漂亮，不够神气，只配作个小家碧玉资格，没有作大家闺秀风度。吾们承认，然吾们亦怀疑朋友们之所谓漂亮神气也者，果作何解释？油头粉面欤？叱咤风云耶？人各有志，随其所好而已。勉强模仿，反失本来色相，倒亦不必。然不知教育部诸公，看吾等这种笨样，以为有背教育宗旨否？如不鄙弃而薄之，则吾幸甚。

　　第三，小气。南开在各方面好打算，爱计较，拘谨小心，放脱不开。特别在行政方面，真是活象治理家务，看财如命。听说汽油煤电涨价，立刻就停开汽车，管制电火。它如一切开支，向不敢抱"反正是公款"的大方态度。私立如此，国立后仍然一样。行政方面如此小气，教学方面，亦显不出多少大方。教授上课，学生听讲，什么作笔记，交报告，大考小考，一板一眼，整天罗嗦不完。不但外人看不惯，自己何尝不有时亦出"人生几何"之感。然习久成性，骤改亦颇不易，况且社会上惟大是务者，正大有人在，何必争趋一途。

　　谨告校外朋友，这是吾们自己家里人一段闲情私话，不敢闻诸大雅，万一见到，切盼勿揣测其中有什么酸味妒气在内也。一笑。

（《南开校友》新3号，1948年10月17日）

我所认识的南开精神

邹宗彦

我在民国五年毕业于母校旧制中学。回忆在校时所获的校长之精神启迪，各位师长的孜孜训诲，以及诸同学的匡正切磋，给我留下一个日益深刻、不可磨灭的印象，同时我亦获得一个作人作事的准绳。换一句话说，我多少已经受了南开精神的浸洗。我认为，这种精神不但为校友所应保持，并且应当把它发扬光大，普及于全中国乃至于全人类。然后国内和国际的一切问题，才可以事半功倍地获得解决。

究竟甚么是南开精神，虽不至于言者各殊，但是恐怕很难给它一个概括明确的定义。现在把我个人对于南开精神的认识说一说。

南开精神的总合表现——我们知道母校是校长一手创造的，当然南开精神亦是滥觞于校长。经过四十四年的发荣滋长，南开精神已经蔚成了今日光辉灿烂、磅礴俊伟的形态。我们可以说，所谓南开精神，就是四十四年以来，校长、所有教员、所有职工、所有校友的事功的总合表现。它是一个不可分的整体，每个人都是它的构成单位。一方面有他的个别贡献，使南开精神发展。同时每个单位亦受南开精神的薰陶，而使自身长进。现在再把南开精神之具体表现分析一下：

一、南开精神在思想上的表现——母校教育的最高目标，就是"公""能"二字。校长办学五十年，认为"自私"是我国最大的病。如果把我国过去的丧乱式微情形仔细地分析一下，就知道它的总原因，不是制度不好，或物质条件不足，乃是人谋不臧。而人谋不臧，并不是因为国人的聪明才力不够，乃是人心太自私。这是校长一针见血的话。当我在母校念书的时候，校长每次在星期三讲话精神，都要提到这一点，谆谆勖勉校友根除自私的心理，培养忠公精神，牺牲小我以利大我。其次，就是我们的能力，不足以应付建立一个现代的国家之需要。因为我们的科学技术与其他国家比较，处处落后，相形见绌。所以要想救国，只有迎头赶上，致力于学术研究，提高我们的能力。换一句话说，只有"公能"的修养，才能奠定了我们心理建设和物质建设的基础。论到先后缓急，前者比后者还要重要。所以先说"公"，然后才提到"能"。"公能"不但是母校的校训，亦是我们的中心思想。不但是校友在校时受训的目标，更是出校后作事的指针。

二、南开精神在行动上的表现——南开精神表现于行动者，是脚踏实地，实事求是，艰苦卓绝，再接再励。南开校友作起事来最忌的是只说不做，浮夸粉饰。与其作大而空洞的宣传，不若任小而实际的工作。并且无论作什么事，都是拿出"苦干""实干""笨干"的精神，不取巧，不投机。如遇到困难或受了挫折以至失败，不但不沮丧灰心，反增加了勇气，重整旗鼓，向前奋斗，不达目的不止。并且在成绩方面，超过预定的目标。这次胜利后母校的复员工作，就是一个明显的例证。

三、南开精神在心理上的表现——我国的团体事业无论属于那一个部门，最显著的困难，是人事纷纭和人事磨擦。这种现象，影响于事功之进展很大。可以说我国政治经济社会之脱节，一切事不上轨道，完全导源于此。南开精神却是相反的。凡在母校受过教育的，多少都有一种对事而不对人的心理。此种心理所表现于外的就是互信互谅、一心一德、亲切协作、相见以诚种种美德。所以作起事来，进度速而收效宏，不致因人事纠纷遭逢困狙而归失败。

四、南开精神在生活上的表现——母校向有俭朴的风尚。校友在衣食住行各方面，所注重的崇实黜华，摒除一切虚骄奢靡的习惯，使切合于实际的需要而显出一种高尚朴雅的风格。

以上，是我所认识的南开精神。当然，南开精神的内涵和外形并非上面几点所能包括的。因为我限于才力，不能把它纤屑糜遗地发挥尽致。

这是我引为遗憾的。最后，我盼望所有的校友，要珍贵南开精神，保持南开精神，并且更要躬行实践，推广普及。我们最好用基督徒信仰基督的态度来维持南开精神。笃信基督的人，要基督住在他里面，做他的生命。在软弱犯罪的时候，就感觉内心的不安，而需要在神的面前认罪，以期获得神的赦免，恢复与神的交通，使神再度住在他里面。我们校友，同样的应该使南开精神蕴藏在我们心的深处，我们的一言一行，都要合乎这个精神。如有违背它的举动，应该象芒刺在背地感觉不安。然后再痛切自省，改过归正，使南开精神重新充满我们的心灵，使我们自己与南开精神合而为一。这样，我们才不愧为母校的校友。

（《南开校友》新 3 号，1948 年 10 月 17 日）

大学教育理想 主旨不外公和能两点[①]

何廉

现代大学教育的理想，虽个人看法未必尽同，但概括的说，是希望青年在经过四年大学生活的熏陶之后，对处世和治学方面能具有正确的观点和态度，对于国家社会的发展和个人事业前途，以及整个人生观，能有独立的公正的思考判断和抉择的能力，大学教育虽未必能使每个大学生变成一通才，但是至少应使之具有比较广泛的知识基础，遇事能从大处、全局及各种相关角度着眼，才不致囿于一隅，趋于偏激。

其次大学教育虽未必能使每个大学生成为"专家"，但至少应使之具有基本的治学方法，遇事能凭其所学得知如何入手研究并解决问题。最后大学教育虽未必能使每个大学生成为"完人"，但应使之具有完整的人格，具有高度责任感和公共精神。消极的要作到"富贵不能淫，贫贱不能移"；积极的要能急公好义，勇于负责。能够做到以上三点，一个大学生在经过四年大学生活训练之后，具备了广泛的知识基础，才能对世事有正确观点和态度；具备了基本的治学方法，才能对世事有公正独立的判断和抉择能力；具备了完整的品格和公共精神，在遇到实际问题时才能超脱个人利害，而能与人合作。实在说，以上我所说的大学教育理想，也就是南开校训——"公"和"能"的主旨所在。

（《益世报》天津版，1948 年 10 月 18 日）

---

① 何廉 1948 年 10 月 17 日就任南开大学大学校长时的演说。

编后语

在《公能初心——近代报刊中的南开精神》一书的编辑工作既竣，即将付梓面世之际，以严修、张伯苓等南开先贤们在其教育实践中奠基与锻造的以"爱国"为魂、以"公""能"为核心的南开精神，仍萦萦于编者的脑中，而千千万万南开师生对南开精神的体认，则使得南开精神更为充实、丰富和生动。辑录南开精神形成初期南开前辈与社会贤达叙述南开精神的文献，使之成为滋润后来的南开人与社会人士的源头活水，则是本书编辑的初旨。

感谢党委宣传部校史研究室的张鸿老师，在本书的编辑过程中，正是张鸿老师多次面对面的交流或通过微信、电话传达刘景泉总主编的意见，才使得编者逐步加深了对南开精神的认识，在编辑工作中少走了不少弯路。

校史研究室的徐悦老师也对此书的编辑提出了诸多有益的建议。

感谢南开大学档案馆馆长袁伟副研究员。她不仅对南开大学档案事业的整体发展和学校档案馆的建设有着清晰的思路，而且对南开历史文化的发掘与南开精神的展现有着极高的热情。袁伟馆长注重挖掘南开精神与南开历史文化对现代社会教书育人的资鉴作用，积极鼓励和推进档案编研工作，本书即是其成果之一。

南开大学档案馆保管利用科张兰普老师，为人踏实、谦逊而坦诚。二十多年来，他埋头于张伯苓校长与南开历史文献的发掘，笔耕不辍，先后有十余部有关张伯苓校长和南开校史的书籍出版。张兰普老师多年坚持对南开史料搜集、整理和研究，有着自己的真知灼见，在我们日常工作与谈论中，无论是对南开历史研究和南开人物的认知、南开史料的共享与文献线索的搜集，张老师都是竭尽所能坦然而出，从不藏私。本书的起意，也是在我与张兰普老师日常无意的交谈中敲定的。

还有同一科室的史小佳老师、陈育挺老师和李鸽老师，他（她）们或热情清透，或认真细致，或博学多闻，性格或有不同，真心实意、以诚相待却是一般无二。大家在工作中知无不言，互补互谅，形成了一个和谐、高效，且具有家庭般温暖的工作群体。正是在这样的环境中，虽然每日的工作内容比较繁杂，仍使得我有很好的兴致，在业余时间来做这样一件不算轻松却很有意义的工作。

感谢我的家人。先生高志勇在繁重的工作之余，承担了绝大部分的家务，细心而体贴；小女诗怡，好学而懂事。他们是我在生活与工作中负重前行、乐观面对的精神支撑。

感谢责任编辑于春波老师，正是于老师的精心工作，才使得本书以比较圆满的形式呈现在读者面前。

在本书的成书过程中，还得到过许多老师、朋友的有形或无形的帮助，未能在此一一列名，还望见谅。

编者

2023 年 7 月 1 日